本书受到国家自然科学基金项目（72303225）的资助。

THEORETICAL STUDY OF INTERNATIONAL CURRENCIES from a New Monetarist Perspective

新货币主义视角下的国际货币理论研究

王晨曦 ◎著

中国财经出版传媒集团
经济科学出版社
Economic Science Press
·北京·

前言

Preface

国际货币体系在过去的一百年间依次历经了金本位制度、布雷顿森林体系和牙买加体系，“美元化”与“去美元化”浪潮先后兴起。国际货币体系形成与演化的内在动因是国际金融领域中很重要但尚未研究清楚的问题之一。现有的主流国际宏观理论研究通常将货币体系视为外生给定。然而，从历史演化进程来看，货币体系格局是在各国经济实力、贸易往来、货币政策、人文地理等多方面因素的共同作用下内生确定的。本书旨在从跨境交易的微观机制出发，构建国际货币体系和均衡汇率的理论模型，揭示国际货币格局历史演进的驱动因素，为人民币国际化的稳步推进提供政策建议。

本书共分为6章。第1章介绍了国际货币体系的现状和研究思路。第2章和第3章分别在封闭经济和开放经济中梳理了第一代、第二代和第三代新货币主义模型的发展历程，阐释为什么新货币主义理论是探讨货币国际化相关问题的理想框架。第4章探讨了早期国际货币模型的缺陷，并构建了带有不对称信息的国际货币模型，分析了货币政策不确定性、经济开放程度等因素对货币体系模式和汇率水平的影响机制。第5章将带有货币伪造和货币识别的国际货币模型与第4章进行了对比分析。第6章回顾了人民币国际化的现状，并依据理论模型结果为人民币国际化的持续推进提出政策建议。

本书的相关内容得益于作者在纽约大学和美联储克利夫兰银行的学习研究经历，以及中国人民大学财政金融学院同事们之间的交流和讨论。中国人民大学财政金融学院为笔者提供了很好的科研环境和相关支持，在此表示衷心的感谢。希望本书能抛砖引玉，为相关学者对国际货币体系与货币国际化问题的进一步研究提供有益的理论框架。

王晨曦

2023年10月

目录
Contents

第1章

导 论

1.1 研究背景与研究问题

1976年“牙买加体系”建立以来，世界货币体系呈现出了纷杂多样的格局。从20世纪80年代开始，一些发展中国家在本国通胀居高不下、本币迅速贬值的背景下，放弃了本国货币发行权，走上了“美元化”（dollarization）道路。1999年1月1日，欧元正式诞生，成为超主权货币的先驱，对传统的国家主权和美元在国际金融格局中的主导地位直接提出了挑战。2008年国际金融危机以来，现行国际货币体系的缺陷逐渐凸显，美国对各国的贸易和金融市场都产生了明显的溢出效应。美元是国际贸易的主要计价结算货币，美元汇率波动对各国的贸易条件影响显著。美国货币政策变化导致短期跨境资本流动加剧，资产价格剧烈波动，降低了非储备货币发行国货币政策的自主性和有效性。

近年来，美国频频利用其金融霸权将美元“武器化”。美国于2021

年冻结了阿富汗央行在美的储备资金，国际社会为之瞠目。俄乌冲突爆发后，美国又对俄罗斯采取了一系列金融制裁，包括冻结部分俄罗斯金融机构、实体企业以及个人的海外资产，将其主要银行踢出环球银行金融通信协会（SWIFT）支付系统，限制俄罗斯央行6000多亿美元的外汇储备等①。美国的激进外交政策和金融制裁，导致美元的信用和安全性受到各国广泛质疑。

自2008年国际金融危机以来，美国产业空心化问题愈发严重，经济增长乏力。而中国等新兴市场国家经过数十年的追赶和崛起，构成了新的世界经济增长点。根据世界货币基金组织（IMF）的最新估计，2022年新兴市场与发展中经济体的GDP增速达3.9%，高于全球3.2%和发达经济体2.4%的水平。按购买力平价衡量，新兴市场和发展中经济体的经济总量已占到全球的60%左右，世界经济加速走向多极化。

在此背景下，各国纷纷开启了“去美元化”（de-dollarization）的进程。包括发达国家和新兴市场国家在内的主要经济体纷纷通过签署双边货币协议、创新跨境支付结算机制、促进外汇储备多元化等措施推行“去美元化”政策。“去美元化”也为人民币国际化提供了新的契机。据中国国家外汇管理局发布的数据显示，人民币在中国银行代客涉外收付款中的占比从2010年的接近0升至2023年3月底创纪录的48%，创13年来新高。美元同一时期的份额则从83%降至47%。人民币在中国跨境交易中的使用首次超过美元，是中国降低对美元依赖过程中的一个里程碑。

国际货币体系形成和演化的内在动因是国际金融领域中很重要但尚未研究清楚的问题之一。哪些因素会导致一国放弃本国货币发行，转而使用外国货币？“美元化”与“去美元化”的驱动因素有哪些？国际货币

① 李巍．经济制裁无助于俄乌冲突的解决［EB/OL］．求是网，2022－04－25．

体系的变化将如何影响汇率水平和最优货币政策？现有的主流国际宏观理论研究通常将货币体系视为外生给定。然而，从历史演化进程来看，货币体系格局是在各国经济实力、贸易往来、货币政策、政局变化、人文地理等多方面因素的共同作用下内生确定的。本书旨在从跨境交易的微观机制出发，构建国际货币体系和均衡汇率的理论模型，揭示国际货币格局历史演进的驱动因素。党的二十大报告提出，有序推进人民币国际化。本书的理论模型将为中国特色的货币国际化道路提供理论支撑，并为人民币国际化的进一步推进提供政策建议。

1.2 研究方法与本书结构

本书将使用新货币主义的建模方法，研究国际货币体系形成和演化的内在动因。新货币主义模型从微观交易机制出发，内生地推导出货币流通的必要条件和货币的真实价值，是研究国际货币体系和汇率问题的理想理论框架，与传统的国际宏观模型相比更加贴近现实经济。拉各斯等（Lagos et al.，2017）、韩晗（2021），以及任力等（2016）对这一学派的文献进行了综述梳理。本书重点回顾和分析新货币主义框架在国际货币领域的发展历程和建模思路，是对现有研究成果的重要补充。

本书共分为 6 章。

第 1 章为导论，简要介绍本书的研究背景、研究问题、研究方法和相关文献。

第 2 章为新货币主义的基础理论。本章将对新货币主义理论的基本模型和理论演进过程进行简要介绍。新货币主义模型可分为第一代、第二代和第三代。其中，第一代模型假设商品和货币均不可分；第二代模型放松了商品不可分割的假设，运用议价理论确定了均衡中的商品产量和货币价值；第三代模型进一步放开了货币不可分的假设。我们将通过新货币主义基本模型的介绍，梳理该学派的发展历程，阐释为什么新货币主义理论是探讨货币国际化相关问题的理想理论框架。

第 3 章为早期的国际货币研究。本章首先通过一个简单模型论证了卡雷肯和华莱士（Kareken and Wallace，1981）的汇率不确定问题，而后依次将第一代、第二代和第三代新货币主义模型拓展至开放经济中，分析交易双方的时空分隔、信息不对称、有限承诺等因素对国际货币体系和均衡汇率的影响机制，探索货币政策博弈和推动货币国际化的有效手段。

第 4 章为国际货币模型——不对称信息。早期的国际货币模型都对交易媒介进行了外生限制，本章将构建不对货币持有与货币支付方式进行任何外生限制的国际货币模型，通过信息不对称确定均衡的汇率和货币模式，从而对交易媒介的内生选择问题进行深入探讨。具体来说，在匹配交易中，出售者对于外国通胀率的信息不完全，因此，需要根据购买者提出的报价对外国货币的真实价值进行预期。通过带有不对称信息的议价博弈，购买者在匹配交易中将先使用无不对称信息的本国货币进行支付，当本国货币数量不足时再使用带有不对称信息的外国货币进行支付，因此，信息不对称会降低外国货币的流动性。货币政策不确定和经济开放程度等因素对均衡汇率的影响取决于均衡的货币模式。这些因素在两国政府货币政策博弈的过程中也起着重要作用。

第 5 章为国际货币模型——货币伪造与识别。货币的真伪并非当今跨国支付中的重要考虑因素。然而，对于伪币的分析将有助于我们加深对国际货币模式和汇率本质的理解，因此，本章将分别基于戈米斯 - 波克拉斯等（Gomis-Porqueras et al.，2017）和张（Zhang，2014）对货币伪造与识别的相关理论模型进行简要介绍和探讨。货币伪造与识别的国际货币模型均以假币的可能性作为市场摩擦的来源，通过引入固定的货币伪造或识别成本，使得名义汇率在均衡中得以确定。本章的模型与第4章存在两点主要区别：一是不对称信息模型在更大的参数空间内解决了名义汇率不确定的问题，而本章的均衡汇率只能在特定条件下得以确定；二是本章的模型具有多重均衡，而不对称信息模型的货币均衡存在唯一性。

第6章为人民币国际化与相关启示。本章首先回顾了人民币国际化的现状，而后依据第4章和第5章的理论模型结果，得出未来进一步推动人民币国际化的启示。我国应继续坚持高水平对外开放、保持物价稳定、提高货币政策透明度、加强金融基础设施建设、积极发挥政府的政策助推作用，为人民币国际化的稳定推进奠定基础。

第2章

新货币主义的基础理论

在过去的30年间，新货币主义经济学（new monetarist economics）在货币理论、货币政策和流动性等领域得到了长足的发展。新货币主义经济学是与新凯恩斯主义经济学（new Keynesian economics）相伴而生的一个学术流派，二者都强调微观基础，但基本摩擦有所不同。新凯恩斯主义以名义价格黏性为基本摩擦，新货币主义则重点关注交易双方的时空分隔、信息不对称、有限承诺，以及搜寻中的协调失灵等摩擦。这些摩擦使货币的引入具有正面的福利效应。而在传统的货币先行（cash-in-advance）模型和效用函数包含货币（money-in-utility）模型中，货币的引入则降低了社会福利。显然，这是与现实相悖的。

具体来说，新货币主义主要关注以下问题：货币的职能有哪些？这些能够改善经济分配结果吗？为什么人们愿意持有内在价值为零的货币？什么是流动性？为什么资产价值与其基本面价值可以不一致？在承诺不完全的环境下人们为何愿意接受信用安排？在什么情况下货币与信用可以共存？通胀会带来哪些影响？货币政策的作用机制是什么？应如何设计与实施货币政策？

为回答以上问题，新货币主义经济学对买卖双方的具体交易行为进行了建模。这与传统的一般均衡（general equilibrium）理论形成了鲜明的对比。在传统的一般均衡理论中，价格对于买卖双方来说都是外生给定的。家户和厂商根据自己的预算约束选择最优的交易量。然而，对于交易对手、交易方式、交易媒介等问题，一般均衡理论并不会进行具体刻画，只是关注交易的最终结果。为克服这一缺陷，新货币主义引入了搜寻理论、博弈论和议价理论。搜寻理论用于刻画人与人之间的交易配对，博弈论和议价理论用于刻画交易媒介的选择和贸易条件的确定。本章将对新货币主义理论的基本模型和理论演进过程进行简要介绍。

2.1 第一代新货币主义模型

2.1.1 商品货币

清泷和莱特（Kiyotaki and Wright，1989）的研究是第一代新货币主义模型的经典文献。他们假设商品和货币都是不可分的，极大地简化了模型推导过程。本节对其进行简要介绍，以阐释均衡交易模式和交易媒介的内生性。

假设时间是离散的并持续无限期。经济体中存在单位连续测度的具有无限期寿命的理性个体。他们共有 3 种不同的商品偏好以及 3 种不同的生产技术。假定类型 j 个体希望消费商品 j 但只能生产商品 $j+1$，模数为

3（类型 3 个体希望消费商品 3 但只能生产商品 1）。假定类型 j 个体在经济体中所占比例为 $n_j = 1/3$。

商品是不可分的，每个个体只能持有 1 单位的商品。令 ρ^j 代表商品 j 的价值，即人们因持有此物品而获得的效用流。ρ^j 可正可负，我们可以把 $\rho^j > 0$ 理解为股息或是卢卡斯树的果实，把 $\rho^j < 0$ 理解为储存成本。假设类型 j 个体可通过消费商品 j 获得效用 $u > 0$，他们生产 $j+1$ 类型商品的成本为 $c = 0$。因此，类型 j 个体在交易中总是愿意接受商品 j，并即刻进行消费。

经济体中的个体在每期被随机地两两配对，假设匹配成功的概率为 α。当个体 i 与个体 j 相遇时，若个体 i 恰好喜欢个体 j 的商品，则称存在一个“巧合”（coincidence）；若个体 j 同时也喜欢个体 i 的商品，则称存在“双重巧合”（double coincidence）；若个体 j 不喜欢个体 i 的商品，则称存在“单重巧合”（single coincidence）。人们在需求的“双重巧合”下可以进行物物交易，但在“单重巧合”中，物物交易则行不通。在此模型中，个体之间只存在“单重巧合”，因此，需要相应的支付机制使交易得以达成。当类型 j 个体与类型 $j+1$ 个体相遇时，类型 j 个体有两种选择：一是用商品 $j+1$ 换取商品 $j+2$，以期在未来与类型 $j+2$ 个体相遇时，用商品 $j+2$ 换取商品 j；二是暂时不进行交易，以期在未来遇到类型 $j+2$ 个体时，直接用商品 $j+1$ 与其换取商品 j。

我们用 τ_j 代表类型 j 个体用商品 $j+1$ 换取商品 $j+2$ 的概率，用向量 $\boldsymbol{\tau} = (\tau_1, \tau_2, \tau_3)$ 表示模型的稳态策略。若 $\tau_j > 0$，则类型 j 个体将商品 $j+2$ 作为交易媒介。由于类型 j 个体会即刻消费商品 j，故类型 j 个体持有的商品类型只能是 $j+1$ 或 $j+2$。因此，我们可以用 m_j 代表持有商品 $j+1$ 的类型 j 个体的比例，用 $m = (m_1, m_2, m_3)$ 来代表均衡中货币持有量的分布。根据以上设定，i 类型个体与持有商品 $j+1$ 的类型 j 个体相遇的概率等于 $\alpha n_j m_j$。

接下来，我们考虑稳态均衡（stationary equilibrium）中类型 1 个体的策略。若该类型 1 个体持有商品 2，那么他只能与持有商品 3 的类型 2 个体进行交易，才能将手里的商品 2 换为商品 3。他与持有商品 3 的类型 2 个体相遇的概率为 n_2m_2，交易发生的概率为 τ_1。若该类型 1 个体持有商品 3，他将以之换取商品 1 进行消费，并生产新的商品 2。他与持有商品 1 的类型 3 个体相遇并进行交易的概率为 n_3m_3。在稳态均衡中，将商品 2 换成商品 3 的类型 1 个体的数量与将商品 3 换回商品 2 的类型 1 个体的数量必然相等，因此，$m_1n_2m_2\tau_1=(1-m_2)n_3m_3$。一般地，对任意 j，稳态（steady state，SS）条件为 $m_jn_{j+1}m_{j+1}\tau_j=(1-m_j)n_{j+2}m_{j+2}$。

令 r 代表跨期偏好，V_{ij}代表持有商品 j 的 i 类型个体的值函数，向量 $\boldsymbol{V}=(V_{ij})$。为简化起见，假设由本期股息带来的效用将在下期实现，则

$$\begin{aligned}(1+r)V_{12}=&\rho_2+\alpha n_1V_{12}+\alpha n_2m_2[\tau_1V_{13}+(1-\tau_1)V_{12}]+\\&\alpha n_2(1-m_2)(u+V_{12})+\alpha n_3m_3[\tau_3(u+V_{12})+(1-\tau_3)V_{12}]+\\&\alpha n_3(1-m_3)V_{12}\end{aligned}$$

其中，等式右侧是类型 1 个体通过股利在下一期获得的效用，加上以下几种可能性的预期价值：（1）以 n_1 的概率遇到同类型的个体，无交易发生；（2）以 n_2m_2 的概率与持有商品 3 的类型 2 个体相遇，此时，交易以概率 τ_1 发生；（3）与持有商品 1 的类型 2 个体相遇，此时，交易必定发生；（4）与持有商品 1 的类型 3 个体相遇，此时，交易以概率 τ_3 发生；（5）与持有商品 2 的类型 3 个体相遇，此时，无交易发生。通过化简可得

$$rV_{12}=\rho_2+\alpha n_2(1-m_2)u+\alpha n_3m_3\tau_3u+\alpha n_2m_2\tau_1(V_{13}-V_{12})$$

通过类似的方法可以推导出

$$rV_{13}=\rho_3+\alpha n_3m_3(u+V_{12}-V_{13})$$

这两个公式是类型 1 个体的动态规划（dynamic programming，DP）方程。类型 1 个体的决策取决于两种情形下值函数的相对大小。因此，他们的最优反应（best response，BR）条件为

$$\tau_1=\begin{cases}1 & V_{13}>V_{12}\\ [0,1] & V_{13}=V_{12}\\ 0 & V_{13}<V_{12}\end{cases}$$

经计算可知，$V_{13}-V_{12}$与$\Delta_1\equiv(\rho_3-\rho_2)+\alpha[n_3m_3(1-\tau_3)-n_2(1-m_2)]u$的符号一致。其中，等式左侧第一项代表持有商品 3 而非商品 2 的收益差异（return differential）；第二项代表当类型 1 个体持有商品 3 而非商品 2 时，成功获取他想要的商品类别的概率差异，或是流动性差异（liquidity differential）。因此，类型 1 个体是否决定用商品 2 换取商品 3 取决于收益差异和流动性差异的大小。一般地，对于任意j，

$$\tau_j=\begin{cases}1 & \Delta_j>0\\ [0,1] & \Delta_j=0\\ 0 & \Delta_j<0\end{cases}$$

模型的对称纯策略均衡由向量组合(V,m,τ)构成，它们须满足 SS、DP 和 BR 条件，共存在 8 种可能的纯策略均衡。我们在图 2.1 中考察了ρ_1，$\rho_2>0=\rho_3$情形下的均衡结果。我们将$\rho_1>\rho_2$的情形称为模型 A，它对应着图 2.1 中 45 度线下方的区域；将$\rho_1<\rho_2$的情形称为模型 B，它对应着图 2.1 中 45 度线上方的区域。

模型 A 中存在两种可能的情形：若$\rho_2\geqslant\widehat{\rho_2}$，则唯一解为$\tau=(0,1,0)$；若$\rho_2\leqslant\bar{\rho}_2$，则唯一解为$\tau=(1,1,0)$。类型 3 个体可以生产类型 1 个体想要的商品种类，他愿意接受商品 3，但不愿接受商品 2。因此，对于类型 1 个体来说，商品 3 比商品 2 的流动性更高。类型 2 个体总是愿意接

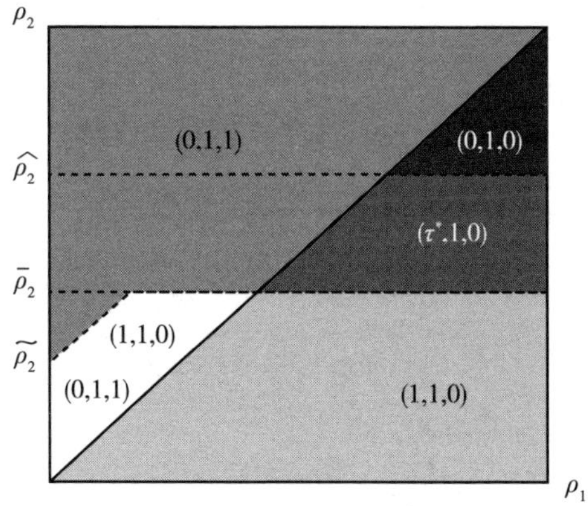

图 2.1　商品货币的均衡

资料来源：Lagos R，Rocheteau G，Wright R. The art of monetary theory：A new monetarist perspective［J］. Journal of Economic Literature，2017，55（3）：1－70.

受商品 2，但只以 $m_2 = 1/2$ 的概率持有商品 1。因此，商品 3 使类型 1 个体能够更早地进行消费。若 $\rho_2 \geqslant \widehat{\rho_2}$，则商品 3 的高流动性不足以对其低收益进行补偿；若 $\rho_2 < \widehat{\rho_2}$，则商品 3 的高流动性可以补偿其低收益，此时类型 1 个体愿意用商品 2 换取商品 3。对于类型 2 个体来说，用商品 3 换取商品 1 可以提高流动性和收益，对于持有商品 1 的类型 3 个体来讲也是如此。因此，只有类型 1 个体面临着权衡取舍，他们的决策是均衡求解的关键。

在模型 A 中，我们称 $\rho_2 \geqslant \widehat{\rho_2}$ 时的唯一均衡 $\tau = (0,1,0)$ 为基本均衡（fundamental equilibrium）。此时，商品 1 成为被普遍接受的商品货币，类型 2 个体作为中间人，将商品 1 从生产者转移至消费者。我们称 $\rho_2 \leqslant \bar{\rho}_2$ 时的唯一均衡 $\tau = (1,1,0)$ 为投机均衡（speculative equilibrium）。此时，类型 1 个体用商品 2 换取收益更低的商品 3 来提高流动性，商品 1 和商品 3 都在非直接交换中被使用。当 $\widehat{\rho_2} > \rho_2 > \bar{\rho}_2$ 时，不存在稳定对称的纯策略均衡。基欧等（Kehoe et al.，1993）证明，此情形中存在着一个混合策略均衡，其中，类型 1 个体以 τ^* 的概率接受商品 3。此外，他们还证明了稳定混合策略均衡的多重存在性，并构建了带有 τ^* 周期变化的不稳定均衡。

在模型 B 中，均衡 $\tau=(0,1,1)$ 总是存在，这是模型 B 的基本均衡。此时，类型 1 个体持有收益最高的商品 2，类型 2 和类型 3 的个体将商品 1 和商品 2 作为货币进行非直接交换。对于某些参数取值，模型 B 还同时存在着一个投机均衡 $\tau=(1,1,0)$，此时，尽管商品 2 带来的收益最高，但它在交易中并不被普遍接受。

由上述分析可见，尽管第一代新货币主义模型的设定非常简单，但我们可以运用此框架，内生地推导出非常丰富的均衡交易模式。这与主流文献中外生给定的交易模式形成了鲜明的对比。这一特点使其成为探讨货币国际化相关问题的理想理论框架。

2.1.2 货币性资产

接下来，我们将基于清泷和莱特（1991；1993）的研究，在第一代模型中引入资产，从而加深对货币职能的认识和理解。

假设经济体中存在一种可储存但不可消费、不可分割的资产，它的效用流为 ρ。若 $\rho=0$，则该资产是法定货币。资产的总供给量固定为 $A\in[0,1]$，每人最多持有 1 单位的资产，即 $a\in(0,1)$。我们称持有资产的群体（$a=1$）为购买者，称不持有资产的群体（$a=0$）为出售者。

假设商品不可储存，需要在生产的当期进行消费，因此，人们无法对商品进行直接交易。商品的生产成本为 $c>0$，个体 i 喜欢的商品将给他带来效用 $u>c$。假设当个体 i 与 j 相遇时，需求的“双重巧合”发生的概率为 δ，个体 i 喜欢个体 j 的产品的“单重巧合”发生概率为 σ，个体 j 喜欢个体 i 的产品的“单重巧合”发生概率也是 σ。因此，“双重巧合”的

泊松抵达率为 $\alpha\delta$，其中，α 对应搜寻过程，δ 对应匹配过程。

我们先考虑无资产的情形，即 $A=0$。此时，若人们无法使用信用，就只能通过物物交换进行交易。物物交换带来的收益为 $rV^B=\alpha\delta(u-c)$，因此，在"双重巧合"的情况下，物物交换优于自给自足，$V^B>V^A=0$。但是，这一交易机制在"单重巧合"下无法实现。为解决这一问题，我们将构建一个信用体系，使每当个体 j 喜欢个体 i 的商品时，个体 i 便会进行生产。个体 i 在没有任何回报的前提下愿意为个体 j 进行生产，是因为个体 i 相信未来也会有其他人不求回报地为他生产他喜欢的产品。在此情形下，个体收益为 $rV^C=\alpha\delta(u-c)+\alpha\sigma(u-c)$，其中，右侧的第二项代表由信用体系促成的"单重巧合"交易带来的额外收益。

若 $\sigma>0$，则 $V^C>V^B$。当人们能做出可信承诺时，这一信用安排在当前的匹配方式下能使人们的预期效用达到最优，因此，他们可以保证遵守这一安排。如果人们无法做出可信承诺，那么在"单重巧合"交易中所做出的承诺就必须满足激励相容条件（incentive condition，IC）才能使人信服。令 V^D 代表违反承诺带来的收益，μ 代表违反承诺者被发现并遭到惩罚的概率，那么 IC 可表示为

$$-c+V^C\geqslant\mu V^D+(1-\mu)V^C$$

$\mu<1$ 对应着不完全的监视和记录保存，即违反承诺者不一定会被公众发现。一旦被发现，违反承诺者在未来将无法使用信用，因此，$V^D=V^B$。将 V^B 和 V^C 代入 IC 条件可得到

$$r\leqslant\widehat{r_C}\equiv\mu\alpha\sigma\left(\frac{u}{c}-1\right)$$

故 IC 成立意味着 μ 的值不能太小，即监视的力度需要足够高。

如果信用体系不可行，人们也可以采取货币化交易的形式。令 V_a 代表持有 $a\in(0,1)$ 单位资产的个体的值函数，那么动态规划方程为

$$rV_0 = \alpha\delta(u-c) + \alpha\sigma A\tau_0\tau_1(V_1 - V_0 - c)$$

$$rV_1 = \alpha\delta(u-c) + \alpha\sigma(1-A)\tau_0\tau_1(u + V_0 - V_1) + \rho$$

其中，τ_0 是出售者愿意生产商品来换取资产的概率，τ_1 是购买者愿意放弃资产以换取商品的概率。两个方程右侧的第一项代表“双重巧合”下物物交换带来的收益，第二项代表“单重巧合”下的收益。出售方以 $\alpha\sigma A$ 的概率遇到喜欢自己商品的购买方，他们之间的交易以 $\tau_0\tau_1$ 的概率达成，交易发生后出售者在下一期转变为持有资产的购买者，因此，其值函数的变化为 $V_1 - V_0$。购买者以 $\alpha\sigma(1-A)$ 的概率遇到生产自己喜欢商品的出售方，交易达成的概率也是 $\tau_0\tau_1$，交易发生后购买者在下一期转变为不持有资产的出售者，故值函数变化为 $V_0 - V_1$。此外，购买者持有资产，因此，他们在每一期将享有效用 ρ。

此外，买卖双方愿意交易需要满足交易互利的要求。出售方愿意进行交易当且仅当 $V_1 - V_0 - c \geqslant 0$，购买者愿意进行交易当且仅当 $u + V_0 - V_1 \geqslant 0$。令 $\Delta = V_1 - V_0$，则买卖双方的最优反应条件为

$$\tau_0 = \begin{cases} 1 & \Delta > c \\ [0,1] & \Delta = c \\ 0 & \Delta < c \end{cases}, \tau_1 = \begin{cases} 1 & u > \Delta \\ [0,1] & u = \Delta \\ 0 & u < \Delta \end{cases}$$

令 $V = (V_0, V_1)$，$\tau = (\tau_0, \tau_1)$，则模型的均衡可表示为同时满足动态规划方程和最优反应条件的组合(V, τ)。假设 $\tau_1 = 1$，此时，$\tau_0 = 1$ 的最优反应条件可化简为

$$r \leqslant \widehat{r_M} \equiv \alpha\delta(1-A)\left(\frac{u}{c} - 1\right)$$

货币均衡存在的条件为 $r \leqslant \widehat{r_M}$，其福利高于物物交换但低于信用体系。

货币均衡与信用体系的共同点在于人们都关注未来。人们持有货币的目的是用于未来的交易，人们无回报地进行生产是为了在未来能够无

成本地获得自己喜欢的商品。它们的不同之处在于，货币均衡不需要监督机制的存在。经计算可知，$\widehat{r_C} > \widehat{r_M}$当且仅当$\mu > 1 - A$。柯薛拉柯塔（Kocherlakota，1998）指出，若监视和记录保存是完全的，即$\mu = 1$，那么货币在经济体中并非不可或缺。这是由于当$\mu = 1$时，$\widehat{r_C} > \widehat{r_M}$，此时，货币交易可行，信用交易也可行，但后者更优。在货币交易中，潜在的出售者可能持有1单位资产，而潜在购买者可能不持有资产，最终导致交易无法达成，使得货币均衡的福利低于信用体系下的均衡。

综上所述，货币在均衡中不可或缺的必要条件包括：（1）在物物交换的情形下，贸易利得在某些情况下无法实现；（2）缺乏承诺；（3）不完美监视。在此模型中，除货币均衡外，也存在非货币均衡和太阳黑子均衡（Wright，1994），这意味着货币均衡具有脆弱性。但是，只要$|\rho|$的值不是太大，那么$\tau_0 = 1$的均衡对于$\rho < 0$同样存在，从这个角度来讲，货币均衡也具有稳定性。

我们在图2.2中阐释了交易概率$\tau_0\tau_1$与ρ之间的关系：（1）当$|\rho|$值较小时，存在均衡$\tau = (1,1)$；（2）当$\rho < rc$时，购买者愿意用资产换取商品，但出售者不愿进行交易，故存在均衡$\tau = (0,1)$；（3）当$\rho > ru$时，出售者愿意交易但购买者不愿意，故存在均衡$\tau = (1,0)$。在某些ρ的取值范围内，资产流通的货币均衡和资产不流通的非货币均衡同时存在。

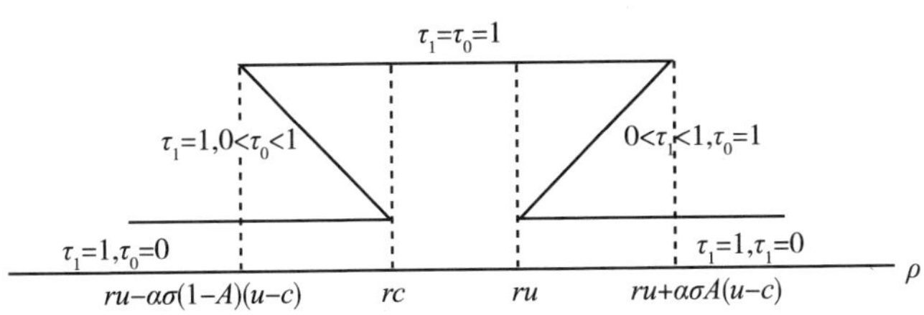

图2.2　货币性资产的均衡

资料来源：Lagos R，Rocheteau G，Wright R. The art of monetary theory：A new monetarist perspective［J］. Journal of Economic Literature，2017，55（3）：1－70.

当多个纯策略均衡同时存在时，混合策略均衡也存在。

2.1.3 内部货币与外部货币

第一代新货币主义模型也可用于内部货币与外部货币的对比分析。内部货币是指私人部门以内的货币，它既是私人持有者的资产，也是私人发行者的负债。外部货币是指由货币当局发行和控制的货币。

卡瓦尔康蒂和华莱士（Cavalcanti and Wallace，1999a；1999b）假设某些市场参与者在所有交易中都会被监视，这部分人被称为银行家，他们在人口中所占比例为 n_m。其余人口在交易中不会被监视，他们被称为非银行家。人们可以发行个人票据作为支付手段，但非银行家具有匿名性，因此，只有银行家发行的票据才会被交易对手接受。因此，模型中的法定货币是外部货币，票据是内部货币。

为简单起见，假设只有非银行家持有外部货币，且“双重巧合”的概率 δ 为 0。银行家与银行家之间的交易是被完美监视的，因此，他们可以靠信用实现交易。非银行家可以使用外部货币进行支付，故银行家在所有“单重巧合”的匹配交易中都愿意生产。而非银行家只在“一手交钱一手交货”的匹配情形下才愿意生产，即交易双方要满足需求的“单重巧合”，且购买者持有外部货币而出售者不持有外部货币。由于银行家不持有外部货币，因此，他们只能以 n_m 的概率在与另一银行家的匹配交易中进行消费。由以上分析可知，银行家的单期收益为 $\alpha\sigma(n_m u - c)$。

当非银行家与银行家相遇时，非银行家会进行消费但不生产。因此，非银行家的值函数满足：

$$rV_0 = \alpha\sigma n_m u + \alpha\sigma(1 - n_m)A(V_1 - V_0 - c)$$

$$rV_1 = \alpha\sigma n_m u + \alpha\sigma(1 - n_m)(1 - A)(u + V_0 - V_1)$$

其中，A 代表对非银行家的平均货币供给量。等式右侧的第一项代表非银行家与银行家相遇时的消费，第二项代表非银行家与另一非银行家相遇后的收益。令 W 代表银行家和非银行家的平均效用，经计算可知，当 $A^* = 1/2$ 时，购买方和出售方数量相等，此时，交易量最大，W 达到最大值。

下面我们考虑不存在外部货币的情形。此时，银行家可以在与非银行家的匹配交易中发行票据作为支付手段，从而进行消费。在非银行家与非银行家的匹配交易中，银行家发行的票据也可以作为支付手段。假设银行家可以要求持有内部货币的非银行家上缴部分票据来换取商品，以此调整内部货币的流通总量。此时 W 依然在 $A^* = 1/2$ 时达到最大值，但 W 的最大值会因内部货币的存在而得到提高。因此，在外部货币稀缺的情况下，内部货币的使用有改善社会福利的效果。

2.2 第二代新货币主义模型

第一代新货币主义模型中，商品和货币都是不可分的。在交易中，商品和货币一一交换，因此，商品的价格永远是1。石（Shi，1995）、特雷霍斯和莱特（Trejos and Wright，1995a）等第二代新货币主义模型放松了商品不可分割的假设，采取议价的方式来确定贸易条件，使得货币价值和商品价格在均衡中得以内生确定。

假设 $u(\cdot)$ 和 $c(\cdot)$ 是随商品数量 q 而变化的连续函数，满足：$u(0) = c(0) = 0$，$u'(0) > c'(0) = 0$。对任意 $q > 0$，$u'(q) > 0$，$c'(q) > 0$，$u''(q) \leqslant 0$，$c''(q) \geqslant 0$，其中至少有一个不等号严格成立。此外，存在上界 $\bar{q} > 0$ 使得 $u(\bar{q}) = c(\bar{q})$，存在 $q^* \in (0, \bar{q})$ 使得 $u'(q^*) = c'(q^*)$。根据以上

假设，当$q=q^*$时，交易剩余 $u(q)-c(q)$ 达到最大值，因此 q^* 是使得福利最优的有效产出水平。

假设时间是连续的，折现率是 e^{-rt}。此时，动态规划方程的形式为

$$rV_0=\alpha\delta[u(Q)-c(Q)]+\alpha\sigma A\tau_0\tau_1[V_1-V_0-c(q)]+\dot{V}_0$$

$$rV_1=\alpha\delta[u(Q)-c(Q)]+\alpha\sigma(1-A)\tau_0\tau_1[u(q)+V_0-V_1]+\rho+\dot{V}_1$$

其中，$\dot{V}_0$ 和 $\dot{V}_1$ 代表相对于时间 t 的导数。上述动态规划方程将确定货币交易中的产量 q 以及物物交换中的产量 Q。接下来，我们假设“双重巧合”的概率为0，重点关注“单重巧合”下的货币交易均衡推导。

在商品不可分的第一代新货币主义模型中，信用存在的充要条件是 $r\leqslant\widehat{r_C}=\mu\alpha\sigma(u-c)/c$，货币存在的充要条件是 $r\leqslant\widehat{r_M}\equiv\alpha\delta(1-A)(u-c)/c$。将其推广到商品可分的第二代新货币主义模型中可以得到，信用存在的充要条件是 $q\leqslant\widehat{q_C}$，其中，$\widehat{q_C}$由等式

$$c(\widehat{q_C})=\frac{\mu\alpha\sigma u(\widehat{q_C})}{r+\mu\alpha\sigma}$$

确定。货币存在的充要条件是 $q\leqslant\widehat{q_M}$，其中，$\widehat{q_M}$由等式

$$c(\widehat{q_M})=\frac{(1-A)\alpha\sigma u(\widehat{q_C})}{r+\mu\alpha\sigma}$$

确定。因此，第二代新货币主义模型中的激励相容条件影响的是集约边际即影响交易量，而非交易是否发生。柯薛拉柯塔（1998）指出，如果 $\mu=1$，即监督机制足够好，那么$\widehat{q_C}>\widehat{q_M}$，此时，货币并非不可或缺，人们可使用信用完成交易。若 $\mu<1-A$，即监督机制不够好，那么某些产出水平 q 可在货币均衡中实现，但无法使用信用实现。

接下来，我们推导均衡的 q。假设买卖双方采用卡莱（Kalai，1977）的比例议价方式。在此议价方式中，购买者用资产向出售者换取交易量 q，资产持有量为 a 的个体将得到 θ_a 份额的交易剩余，$\theta_0+\theta_1=1$。买卖

双方的交易剩余分别为 $S_1(q)=u(q)-\Delta, S_0(q)=\Delta-c(q)$。激励相容条件要求 $S_1(q)\geqslant 0$，$S_0(q)\geqslant 0$。比例议价的解为

$$S_1(q)=\theta_1[u(q)-c(q)] \text{或} \Delta=v(q)\equiv\theta_1 c(q)+\theta_0 u(q)$$

其中，$v(q)$是购买者向出售者支付的价值，它与交易量 q 正相关。令$\tau_0=\tau_1=1$ 并将动态规划方程二者相减，可以得到微分方程

$$v'(q)\dot{q}=[r(1-\theta_1)+\alpha\sigma(A-\theta_1)]u(q)-[\alpha\sigma(A-\theta_1)-r\theta_1]c(q)-\rho$$
$$\equiv e(q)$$

令 $V=(V_0,V_1)$，那么均衡是所有满足上述条件的(V,q)组合的有界路径。

特雷霍斯和莱特（2016）具体分析了可能的均衡路径。由于 $v'(q)>0$，因此 $\dot{q}$ 和$e(q)$的符号相同。令参数 $A_u=r(1-\theta_1)+\alpha\sigma(A-\theta_1)$，$A_c=\alpha\sigma(A-\theta_1)-r\theta_1$，则

$$e(q)=A_u u(q)-A_c c(q)$$
$$e'(q)=A_u u'(q)-A_c c'(q)$$
$$e''(q)=A_u u''(q)-A_c c''(q)$$

若 $\theta_1<\theta_u\equiv(r+\alpha\sigma A)/(r+\alpha\sigma)$，则 $A_u>0$；若 $\theta_1<\theta_c\equiv\alpha\sigma A/(r+\alpha\sigma)$，则 $A_c>0$。因此，$e(q)$的单调性和凹凸性将取决于 θ_1 的取值。

图 2.3 阐释了 θ_1 较高时的均衡路径。此时，$A_c<A_u<0$，$e''(q)<0$，故 $e(q)$是凹函数。当$\rho=0$ 时，存在两个稳态：$q=0$，以及 $e(q^e)=0$ 的唯一解 $q^e>0$。此外，对于任意 $q_0\in(0,q^e)$，存在以 q_0 为起点的动态均衡，最终 q 收敛于 0。当 $\bar{\rho}>\rho>0$ 时，$e(q)$向下平移，此时，在稳态 $q^e\in(0,\bar{q})$存在唯一解，所有其他的解最终都将离开区间 $[0,\ \bar{q}]$。若 $\rho>\bar{\rho}$，$e(q)$将进一步向下平移，使稳态均衡消失，交易无法达成，人们将囤积资产。当 $0>\rho>\underline{\rho}$ 时，存在两个稳态 $q_H^e\in(0,\bar{q})$ 和 $q_L^e\in(0,q_H^e)$。此外，对于任意 $q_0\in(0,q_H^e)$，存在以 q_0 为起点的动态均衡，最终 q 收敛于 q_L^e。

当$\rho < \underline{\rho}$时，交易无法达成，人们将减持资产。

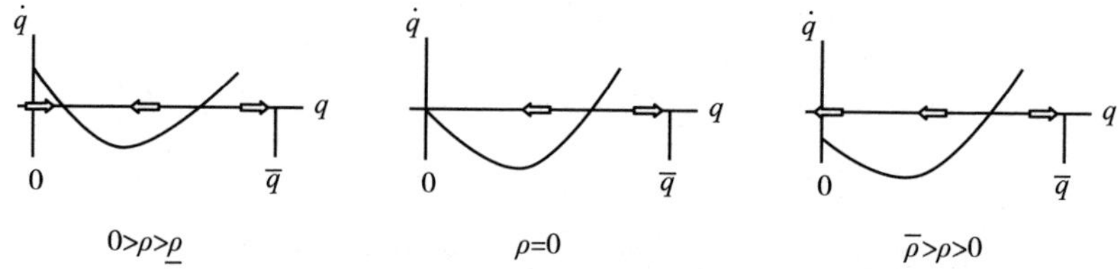

图 2.3　第二代新货币主义模型——$\theta_1 \in (\theta_u, 1]$时的均衡路径

资料来源：Lagos R，Rocheteau G，Wright R. The art of monetary theory：A new monetarist perspective［J］. Journal of Economic Literature，2017，55（3）：1－70.

由以上分析可知，流动性的价值具有自我实现的性质。如果你认为其他人只愿意支付少量商品来购买此资产，那么你也只愿意为其支付很少的量；如果你认为其他人愿意支付大量商品来购买此资产，那么你也愿意支付更多。因此，该模型在某些参数下存在多重的稳态与动态均衡。与第一代新货币主义模型不同的是，第二代新货币主义模型存在多重货币均衡。当出售者定价较低时，购买者有较大的消费者剩余，因此低定价会被接受。当出售者定价较高时，购买者消费后将转变为出售者，将来可获得较大的生产者剩余，因此高定价也会被接受。

接下来，我们对模型进行福利分析，分别考虑改变议价能力θ和货币供给量A的福利效应。第二代新货币主义模型中商品可分，其最优产量q^*满足$u'(q^*) = c'(q^*)$。当r较小时，存在最优的议价能力$\theta^* \leq 1$使得$q = q^*$。当r较大时，虽然$\theta = 1$依然使得福利最大化，但$q < q^*$。这与莫滕森（Mortensen，1982）和霍西奥斯（Hosios，1990）的结果相一致。

图 2.4 以图表的形式阐释了这一分析过程。图中，S_1和S_0分别代表购买者和出售者的剩余，S_1和S_0组成的议价集合的边界表达式是$S_0 = -c[u^{-1}(S_1 + \Delta)] + \Delta$。比例议价的结果是边界与射线$S_0 = (\theta_0/\theta_1) S_1$的

交点。随着 θ_1 逐渐增大，射线的斜率逐渐减小，从而改变均衡的 S_1、S_0 和 q。令 $S^* = u(q^*) - c(q^*)$。图 2.4（a）假设 $\Delta \geqslant c(q^*)$，当射线 $S_0 = (\theta_0/\theta_1) S_1$ 恰好经过边界与 45 度线的切点时，对应的 θ_1^* 使得议价产量 q 恰好等于福利最优水平 q^*。若 $\theta_1 < \theta_1^*$，则 q 值低于社会最优水平；若 $\theta_1 > \theta_1^*$，则 q 值高于社会最优水平。图 2.4（b）假设 $\Delta < c(q^*)$，此时，对所有 θ_1 的值来说，产量 q 都太低了，因此 $\theta_1 = 1$ 是次优解。

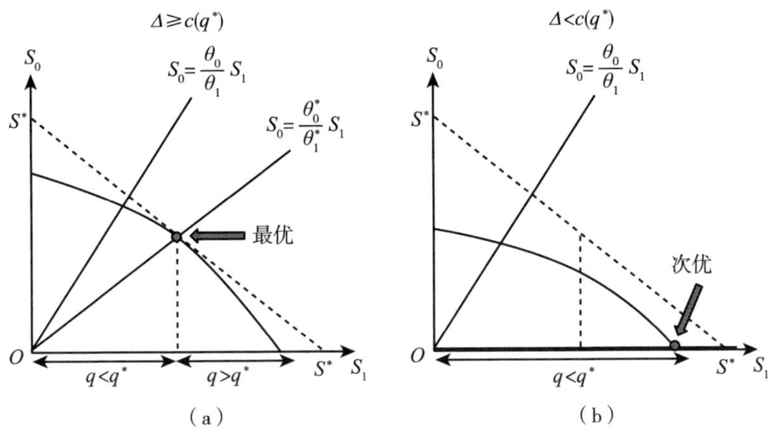

图 2.4　比例议价下的福利分析

资料来源：Lagos R，Rocheteau G，Wright R. The art of monetary theory：A new monetarist perspective［J］. Journal of Economic Literature，2017，55（3）：1－70.

此外，货币供给量 A 的改变也会对均衡福利产生影响。在第一代新货币主义模型中，当购买方和出售方数量相等时交易发生的概率最高，因此最优的资产供给量是 $A^* = 1/2$。而第二代新货币主义模型不仅要考虑交易概率，还要考虑交易数量 q。若 $q < q^*$，则根据包络定理可知，最优的资产供给量 $A^* < 1/2$。因此，货币政策应平衡流动性供给与稳定物价两方面的因素。

除比例议价方式以外，我们还可以采用其他议价方式对模型进行求解，所得结论并不会因此而改变。令 $v(q)$ 代表在一般性的议价机制下，

购买者为获得产量 q 对出售者的支付量，故贸易条件是 $\Delta=v(q)$ 的解。例如，考虑以无交易发生时的续营价值作为威胁点的广义纳什议价①：

$$\max_q [u(q)-\Delta]^{\theta_1}[\Delta-c(q)]^{\theta_0}$$

其一阶条件为

$$\Delta=v(q)\equiv\frac{\theta_1 u'(q)c(q)+\theta_0 c'(q)u(q)}{\theta_1 u'(q)+\theta_0 c'(q)}$$

通过对比可以发现，在比例议价和广义纳什议价的模式下，议价结果在 $q=q^*$ 的情况下相同。此外，当 $\theta_1=1/2$，$A=1/2$ 时，可以证明 $q<q^*$，且 $r\to 0$ 时 $q\to q^*$（Trejos and Wright，1995a）。

2.3 第三代新货币主义模型

第三代新货币主义模型放宽了人们最多持有一单位资产的限制，假设商品和资产均可分。这就会使得经济体中出现货币持有量的分布。在匹配交易中，穷人和富人将有不同的贸易条件。因此，经济体中货币持有量的内生分布就成为了模型求解的关键。现有文献主要采取两种方式对货币持有量的累积分布函数 $F(a)$ 进行求解：一是采取数值分析计算，例如莫里科（Molico，2006）；二是通过特定的模型设定与机制消除这一分布。

2.3.1 数值分析方法

莫里科（2006）假设货币持有量的定义域为 $\mathcal{A}=[0,\infty)$。货币增长

① 奥斯本和鲁宾斯坦（Osborne and Rubinstein，1990）对纳什议价方式进行了详细的探讨分析。

速度 π 恒定不变，通过政府对家户的转移支付实现。假设经济体中无法使用信用，且物物交换的概率为 0。当购买者持有 a_B 单位货币，出售者持有 a_S 单位货币时，令 $q(a_B,a_S)$ 和 $d(a_B,a_S)$ 分别代表交易达成的产量和货币支付量，(a_B,a_S) 是购买者和出售者的公共信息，则：

$$V(a) = (1-\alpha\sigma)\beta V_{+1}(a+T) + \alpha\sigma\int\{u[q(a,a_S)] + \beta V_{+1}[a-d(a,a_S)+T]\}\mathrm{d}F(a_S) + \alpha\sigma\int\{-c[q(a_B,a)] + \beta V_{+1}[a+d(a_B,a)+T]\}\mathrm{d}F(a_B)$$

其中，$V(a)$ 是货币持有量为 a 的个体的值函数。等式右侧的第一项是无交易发生时的预期价值，第二项是作为购买者与另一随机出售者进行交易的预期价值，第三项是作为出售者与另一随机购买者进行交易的预期价值。

我们用广义纳什议价来确定贸易条件，可得：

$$\max_{q,d}\ S_B(q,d,a_B,a_S)^{\theta}\,S_S(q,d,a_B,a_S)^{1-\theta}$$
$$\text{s. t.}\quad d\leqslant a_B,\ q\geqslant 0$$

其中，$S_B(\cdot)$ 和 $S_S(\cdot)$ 分别代表购买者和出售者的交易剩余：

$$S_B(\cdot) = u(q) + \beta V_{+1}(a_B+T-d) - \beta V_{+1}(a_B+T)$$
$$S_S(\cdot) = -c(q) + \beta V_{+1}(a_S+d+T) - \beta V_{+1}(a_S+T)$$

最优化问题面临约束 $d\leqslant a_B$，即交易支付的货币量小于购买者持有的货币量。稳态均衡是 (V,q,d,F) 的组合，其中，分布 $F(a)$ 须满足标准的稳态条件。

莫里科（2006）使用数值方法对通胀的效果进行了分析。根据人们的货币持有量 a 进行等比例转移以提高货币供应总量 A 的政策对模型无实质影响，这一转移方式类似于单位转换。而一次性支付转移将提高价格水平 $p = d/q$，货币真实价值的下降对于货币持有量较高的个体影响更大，因此，一次性支付转移对货币持有量真实价值的分布具有压缩效应。低货币持有量个体的购买量较低，高货币持有量个体的出售量较低，因此，这一压缩效应向经济体注入了流动性，有刺激经济的效果。与此同时，通胀降低了货币的真实价值，因此，政策制定者需要对这两种效应进行权衡取舍。

2.3.2 消除货币分布的方法

除数值结算以外，另一种处理货币分布的方法是在模型中引入消除分布的机制。石（1997）假设经济体中存在无数个家庭，每个家庭中存在无数个成员。家庭成员在期初进行随机搜寻和交易，在期末返回家庭将交易所得平分。根据大数定律，每个家庭在期初都持有等量的货币。门齐奥等（Menzio et al.，2013）使用了定向搜寻方法，假设参与者可自由进入市场。此时，尽管分布 $F(a)$ 依然存在，但参与者在分割市场中进行决策时，并不需要使用 $F(a)$ 的信息。拉各斯和莱特（Lagos and Wright，2005）将搜寻模型与无摩擦市场组合在一起，通过市场分割和特定的效用函数的使用消除了货币分布。这一方式将带有微观机制的货币理论与主流宏观经济学紧密联系在了一起，在后续文献中得到了广泛应用。接下来，我们将简要介绍这一经典框架。

假设时间是离散的且持续无限期。经济主体存活无限期，折现因子为 $\beta \in (0,1)$。每一期被分为两个阶段：第一阶段是去中心化市场（decentralized market，DM）；第二阶段是中心化市场（centralized market，CM）。市场参与者在 DM 阶段可以通过劳动生产自己不愿消费的特殊商品，产量记为 q。在 CM 阶段，市场参与者可以用 1 单位劳动生产 1 单位的一般性商品，产量记为 x，故 CM 阶段的真实工资为 1。假设特殊商品和一般性商品都是完全可分的，且不可储存。此外，经济体中存在完全可分且可跨期储存的资产，总量为 A。

DM 阶段购买者的单期效用为 $\mathcal{U}(x,1-l)+u(q)$，出售者的单期效用为 $\mathcal{U}(x,1-l)-c(q)$，其中，$\mathcal{U}(\cdot)$ 是单调递增的凹函数。假设购买者和出售者的效用函数都是拟线性的，这将是消除资产持有量分布的关键。为简化起见，令 $\mathcal{U}(x,1-l)=U(x)-l$。

令 $V(\cdot)$ 代表 DM 阶段的值函数，$W(\cdot)$ 代表 CM 阶段的值函数，则

$$W(a)=\max_{x,l,\hat{a}}\left[U(x)-l+\beta V_{+1}(\hat{a})\right]$$
$$\text{s. t.}\quad x=\phi(a-\hat{a})+\rho a+l+T$$

其中，a 和 $\hat{a}$ 分别代表交易开始和结束时的资产持有量，ϕ 是以一般性商品表示的资产价格，ρ 是持有资产带来的效用。T 是政府的转移支付，$T>0$ 对应资产总量的扩张，$T<0$ 对应通过一次性税收实现的资产总量紧缩。将预算约束代入目标函数可得

$$W(a)=(\phi+\rho)a+T+\max_{x}\left[U(x)-x\right]+\max_{\hat{a}}\left[-\phi\hat{a}+\beta V_{+1}(\hat{a})\right]$$

由此可知：(1) $U'(x^*)=1$ 确定了 $x=x^*$；(2) $W(a)$ 与斜率 $\phi+\rho$ 线性相关；(3) $\hat{a}$ 与财富无关，这意味着所有人都将选择相同的资产持有量，因此，分布 $F(\hat{a})$ 是退化的。

以上结论对于某些不满足拟线性条件的效用函数同样成立。王（Wong，2016）假设 $\mathcal{U}(x,1-l)$ 是一次齐次函数，如 $x^{\gamma}(1-l)^{\gamma}$ 或 $[x^{\gamma}+(1-l)^{\gamma}]^{1/\gamma}$。罗什托等（Rocheteau et al.，2008）假设 $\mathcal{U}(x,1-l)$ 是单调的凹函数且劳动不可分，$l\in\{0,1\}$。在以上两种设定下，均可得到 $\hat{a}$ 的

选择与 a 无关的结论。接下来我们考虑 $\rho=0$ 的情形，即资产是法定货币。①

搜寻和议价发生在 DM 阶段。若采用广义纳什议价方式：

$$\max_{q,d}[u(q)-\phi d]^{\theta}[\phi d-c(q)]^{1-\theta}$$
$$\text{s.t. } d\leqslant a_B, q\geqslant 0$$

则议价结果为 $q(a_B)=\min[\hat{q}(a_B),q^*]$，$d(a_B)=\min[a_B,v(q^*)/\phi]$，其中，$\hat{q}(a_B)$是等式

$$\phi a_B=v(q)\equiv\frac{\theta u'(q)c(q)+(1-\theta)c'(q)u(q)}{\theta u'(q)+(1-\theta)c'(q)}$$

的解。议价结果只取决于购买者的货币持有量 a_B，与出售者的货币持有量 a_S 无关。计算导数可知，对任意 $a_B<v(q^*)/\phi$，

$$v'=\frac{u'c'[\theta u'+(1-\theta)c']+\theta(1-\theta)(u-c)(u'c''-c'u'')}{[\theta u'+(1-\theta)c']^2}>0$$

故特殊商品的产量随购买者的货币持有量单调递增。阿鲁奥巴等（Aruoba et al.，2007）在拉各斯和莱特（2005）的框架中采用了比例议价方式。相较于纳什议价，这一设定更加简洁，且具有一系列良好的特性。一是值函数 $V(a)$具有凹性；二是购买者剩余随货币持有量 a_B 单调增加，从而避免了纳什均衡中总剩余增加而个人剩余减少的情况发生，消除了购买者隐藏资产的动机。我们也可以采用瓦尔拉斯（Walrasian）的定价方式，令 $v(q)=Pq$，其中，P 是以一般性商品表示的特殊商品的价格。在均衡中 $P=c'(q)$，但购买者在决策时将其视为给定。

---

① 当 $\rho=0$ 时，购买者在均衡中会用尽所有货币持有量，即 $d=a_B$。当 $\rho>0$ 时，购买者可能会留存部分资产而非全部用于支付，即 $d<a_B$。

令 $v(q)$ 代表某一般性定价方式的结果，则 $v(q)$ 满足以下结果：若 $\phi a_B \geqslant v(q^*)$，则购买者支付 $d = v(q^*)/\phi$ 来获得 q^*；若 $\phi a_B < v(q^*)$，即购买者的货币持有量不足以购买最优产量 q^*，则购买者将支付全部货币 $d = a_B$ 来获得 $q = v^{-1}(\phi a_B)$。

给定任意符合上述条件的 $v(q)$，DM 阶段的值函数满足：

$$V(a) = W(a) + \alpha\sigma u[q(a)] - \phi a + \alpha\sigma\int\left\{\phi\tilde{a} - c[q(\tilde{a})]\right\}\mathrm{d}F(\tilde{a})$$

其中，a 和 $\tilde{a}$ 分别代表自己和对手方的货币持有量。等式右侧的第一项是 DM 阶段没有进行任何交易，把货币直接代入 CM 阶段花掉的价值；第二项是该个体作为购买者获得的价值；第三项是该个体作为出售者获得的价值。由 $\phi a = v(q)$ 可知，$q'(a) = \phi/v'(q)$。对值函数 $V(a)$ 求导可得

$$\begin{aligned} V'(a) &= \phi + \alpha\sigma\left\{u'[q(a)]q'(a) - \phi\right\} \\ &= \phi\left\{1 + \alpha\sigma\frac{u'[q(a)]}{v'[q(a)]} - \alpha\sigma\right\} \end{aligned}$$

因此，个体的货币持有量决策与货币分布无关。将此式代入 CM 阶段的一阶条件 $\phi_{-1} = \beta V'(a)$ 得到欧拉方程

$$\phi_{-1} = \beta\phi[1 + \alpha\sigma\lambda(q)]$$

其中，$\lambda(q) \equiv u'(q)/v'(q) - 1$，代表约束 $v(q) \leqslant a\phi$ 在最优化问题 $\max_q[u(q) - v(q)]$ 中的拉格朗日乘数。$v'(q)$ 是商品的边际价格，因此，$1/v'(q)$ 是额外 1 单位货币所能购买的商品数量。于是，$u'(q)/v'(q)$ 代表额外 1 单位货币在 DM 阶段带来的边际效用，其成本是货币无法在 CM 阶段使用，而 $U'(x) = 1$，故边际成本为 1。因此，$\lambda(q)$ 是货币的影子价格或流动性溢价。

将 $\phi a = v(q)$，$a = A$，$A = (1 + \pi)A_{-1}$ 代入欧拉方程，可得到动态

方程

$$(1+\pi)v(q_{-1}) = \beta v(q)[1+\alpha\sigma\lambda(q)]$$

通过对此动态方程的分析，费拉里斯和渡边（Ferraris and Watanabe, 2011）、罗什托和莱特（2013）等指出，由于流动性的自我实现机制，经济体存在着多周期的波动均衡乃至无穷周期的混沌均衡。

在稳态均衡中 $z=\phi A$ 恒定不变，因此，通胀率 $\phi/\phi_{+1}=1+\pi$ 由货币增长率确定，这与货币数量论的观点相一致。利用费雪等式定义 $1+\iota=(1+\pi)(1+r)$。ι 可以理解为 1（在 DM 阶段不具备流动性的）假想债券的名义利率，或是市场参与者为在本期 CM 阶段得到额外 1 单位货币，而在下期 CM 阶段所愿意放弃的货币数量。

当 $q_{-1}=q$ 时，动态方程变形为 $\iota=\alpha\sigma\lambda(q)$。$\iota$ 是持有 1 单位货币的机会成本，$\alpha\sigma\lambda(q)$ 是持有 1 单位货币的边际收益。对于给定的 ι，该式确定了静态均衡中的产量 q，因此，名义利率或通胀率与交易量 q 之前存在一一对应的关系。此外，q 与交易概率 $\alpha\sigma$ 也密切相关。给定均衡产量 q，真实货币价值为 $z=v(q)$，价格水平为 $1/\phi=A/v(q)$。在 CM 阶段，$U'(x)=1$ 确定了均衡的 x。由个体的预算约束可知，劳动供给量是货币持有量的函数 $l(a)$，加总可得 $\int l(a)=x$。当 $\lambda'(q)<0$ 时，由以上方法确定的稳态均衡具备唯一性。

接下来，我们讨论均衡的福利性质。假设稳态均衡的唯一性成立，此时，$\frac{\partial q}{\partial \pi}<0$，$\frac{\partial q}{\partial \iota}<0$，故 $\iota=0$ 时的福利水平总是最高的。$\iota=0$ 是由诺贝尔经济学家弗里德曼提出的最优货币政策①，被称为弗里德曼准则

① 在带有名义刚性的开放经济模型中，最优货币政策也是一个重要的研究问题，相关文献包括德弗罗和恩格尔（Devereux and Engel, 2003）、科尔塞蒂和佩森蒂（Corsetti and Pesenti, 2005）、石濑（Ishise, 2022）等。

(Friedman rule)。弗里德曼认为，个人持有货币的机会成本（即名义利率）应该等于创造额外法定货币的社会成本。若生产额外货币的边际成本为0或接近于0，那么名义利率也应为0。持有成本为0的交易媒介将大大促进交易的发生从而增进社会福利。若$\theta=1$，那么在弗里德曼准则下，稳态均衡可达到最优产量q^*。若$\theta<1$，那么在弗里德曼准则下$q<q^*$。原因在于，模型中存在两个低效之处，一个与β有关，另一个与θ有关。人们持有货币以换取未来的消费而非现在的消费，弗里德曼准则对$\beta<1$所带来的货币持有成本进行了补偿。$\theta<1$引发的问题与博弈论中的“套牢问题”类似。人们持有货币进入下一期的成本为ϕ，只有当$\theta=1$时，才能在下一期获取投资的全部收益。$\theta<1$意味着出售者将分走部分剩余，这使得人们的投资收益下降，持有货币的动机也下降，从而降低了匹配交易中的产量q。霍西奥斯（1990）指出，议价博弈的剩余分割方式应对双方所作出的贡献进行相应补偿。从直觉上说，单重匹配的议价结果只与购买者的货币持有量相关，因此，所有的交易剩余都来自购买者，故结果的有效性要求$\theta=1$，即由购买者向出售者提出“接受或离开”的报价。

若采取比例议价机制，此时，欧拉方程为

$$\iota=\alpha\sigma\left[\frac{u'(q)}{(1-\theta)u'(q)+\theta c'(q)}-1\right]$$

随着名义利率的升高，产量q将减小。因此，$\iota=1$是$q=q^*$的充要条件，即社会福利随名义利率的增大而减小，故而弗里德曼准则下的社会福利最优。此外，胡等（Hu，2009）采用机制设计的方法对所有可实施的议价机制$v(q)$进行了研究。他们发现，最优交易量q^*在$\iota>0$的情况下也可实现。

2.4 本章小结

我们在本章回顾了新货币主义经济学模型的发展脉络和基本理论。第一代新货币主义模型开创了货币搜寻理论，具有划时代的意义。它的设定虽然十分简单，但却具备着非常丰富和重要的经济学直觉。我们运用第一代新货币主义模型阐释了交易媒介的内生性，分析了货币不可或缺的必要条件，并进一步探讨了内部货币与外部货币的区别和福利效应。第二代新货币主义模型放开了商品不可分的假设，运用议价理论确定了均衡中的商品产量和货币价值。第二代新货币主义模型具有多重动态和静态均衡，因此可以论证货币的价值在于其流动性这一基本观点。第三代新货币主义模型进一步放开了货币不可分的假设，这使得避免货币分布成为了建模的关键。

在下面的章节中，我们分别将第一代、第二代和第三代新货币主义模型拓展至开放经济中，分析交易双方的时空分隔、信息不对称、有限承诺等因素对国际货币体系和均衡汇率的影响机制，探索货币政策博弈和推动货币国际化的有效手段。

第3章

早期的国际货币研究

卡雷肯和华莱士（1981）指出，若经济主体可自由选择货币种类作为交易媒介，并可自由参与各个货币市场进行兑换，那么所有流通中的货币均为完全替代物[①]，具有相同的持有成本/收益。此时，货币间的名义汇率是无法确定的。

为了解决这一问题，主流的国际货币经济学模型引入多种摩擦，使名义汇率在均衡中得以确定。例如，在效用函数中引入货币（Obstfeld and Rogoff，1984；Devereux and Engel，2003），或是外生假定在某些交易中只能使用特定的货币支付结算（Stockman，1980；Lucas，1982），或是使不同货币的交易成本和贸易条件存在区别（Uribe，1997）。货币的差异化特征使得不同货币成为不完全替代品，从而解决了名义汇率的不确定问题。[②] 新货

---

① 货币之间的完全替代性意味着只存在一个世界范围内的市场出清条件，使得对所有货币的总需求和总供给相等。此时，需要一外生的名义汇率才能确定货币均衡。

② 戈皮纳斯等（Gopinath et al.，2010）对定价货币的内生选择问题进行了研究。定价货币与支付货币的概念不同。克拉里达等（Clarida et al.，2002）的新凯恩斯国际宏观模型通常假设一国使用本国货币对商品进行定价，但在实际交易中的支付货币可能是本国货币，也可能是在当前名义汇率下的等价值外国货币。因此，定价货币的确定并不能确保均衡中名义汇率水平的确定。

币主义经济学则从交易的微观机制出发，移除这些外生限制，将外国货币的可接受性作为模型的内生结果。

本章首先通过一个简单的新货币主义模型阐释汇率的不确定性问题。而后，我们将梳理早期的新货币主义国际货币理论研究，并简要说明这一框架下的均衡汇率是如何内生形成的。

3.1 汇率的不确定性

考虑一个有两种货币作为交易媒介的经济体，我们称之为货币 A 和货币 B。两种货币的总供给量 M_A 和 M_B 固定不变，它们以一般性商品表示的真实价值分别为 ϕ_A 和 ϕ_B。两国货币总量增长率分别为恒定值 γ_A 和 γ_B。经济体中存在单位连续测度的市场参与者。市场参与者可以自由选择货币的种类进行支付。

考虑一个持有 m_a 单位货币 A 和 m_b 单位货币 B 的购买者。他在 DM 阶段期初的值函数为

$$V^b(m_a,m_b)=\alpha\sigma\left\{u[q(m_a,m_b)]+W^b[m_a-d_a(m_a,m_b),\right.$$

$$\left.m_b-d_b(m_a,m_b)]\right\}+(1-\alpha\sigma)W^b(m_a,m_b)$$

在配对交易中，购买者可支付 $d_a(m_a,m_b)$ 单位的货币 A 和 $d_b(m_a,m_b)$ 单位的货币 B 来购买 $q(m_a,m_b)$ 单位的特殊商品。购买者在 CM 阶段的值函数为

$$W^b(m_a,m_b)=\phi_A m_a+\phi_B m_b+\max_{\widehat{m_a},\widehat{m_b}}[-\phi_A\widehat{m_a}-\phi_B\widehat{m_b}+\beta V^b(\widehat{m_a},\widehat{m_b})]$$

购买者将$\widehat{m_a}$单位的货币 A 和$\widehat{m_b}$单位的货币 B 代入下一期的 DM 阶段交易中，在本期累积这些货币量的成本为$\phi_A \widehat{m_a} + \phi_B \widehat{m_b}$。假设买卖双方在 DM 阶段通过议价确定支付函数$v(q)$，那么特殊商品的产量为

$$q(m_a, m_b) = \begin{cases} q^* & \phi_A m_a + \phi_B m_b \geqslant v(q^*) \\ c^{-1}(\phi_A m_a + \phi_B m_b) & \phi_A m_a + \phi_B m_b < v(q^*) \end{cases}$$

其中，若购买者的货币持有量足以购买福利最优的产量q^*，即$\phi_A m_a + \phi_B m_b \geqslant v(q^*)$，则$\phi_A d_a + \phi_B d_b = v(q^*)$；否则购买者将其持有的两种货币全部用于支付，即$(d_a, d_b) = (m_a, m_b)$。

将议价结果和$V^b(m_a, m_b)$的表达式代入购买者的最优化问题可得

$$\max_{m_a, m_b} -(\phi_A m_a + \phi_B m_b) + \beta\alpha\sigma\{u[q(m_a, m_b)] - v[q(m_a, m_b)]\} \tag{3.1}$$

购买者选择最优的货币持有量(m_a, m_b)，使得他在 DM 阶段的交易剩余减去持有货币真实余额的成本之差额最大化。购买者的货币持有量需要满足非负约束：$m_a \geqslant 0$，$m_b \geqslant 0$。令λ_a和λ_b分别代表以上两个非负约束对应的拉格朗日乘子，则购买者最优化问题的一阶条件为

$$1 + \gamma_A = \beta\left[1 + \alpha\sigma\left(\frac{u'(q)}{v'(q)} - 1\right)\right] + \frac{\lambda_a}{\phi_A}$$

$$1 + \gamma_B = \beta\left[1 + \alpha\sigma\left(\frac{u'(q)}{v'(q)} - 1\right)\right] + \frac{\lambda_b}{\phi_B}$$

令ι_A和ι_B分别代表两国的名义利率，则模型的欧拉方程为

$$\iota_A = \alpha\sigma\left(\frac{u'(q)}{v'(q)} - 1\right) + \frac{\lambda_a}{\beta\phi_A}$$

$$\iota_B = \alpha\sigma\left(\frac{u'(q)}{v'(q)} - 1\right) + \frac{\lambda_b}{\beta\phi_B}$$

不失一般性，我们假设$\gamma_A > \gamma_B$，故$\iota_A > \iota_B$。因此，不等式$\lambda_a/\phi_A > \lambda_b/\phi_B \geqslant 0$必定成立。$\lambda_a > 0$意味着$m_a = 0$，即购买者不持有通胀率较高的货币。

在均衡中，$\phi_A=0$，通胀率较高的货币自然退出流通，模型转变为单一货币的模型。接下来，我们考虑两国货币增长率相同的情形，即 $\gamma_A=\gamma_B=\gamma$，$\iota_A=\iota_B=\iota$。在货币均衡中，购买者至少持有一种货币，因此，$\lambda_a/\phi_A=\lambda_b/\phi_B=0$，$m_a>0$，$m_b>0$，购买者同时持有两种货币。由最优化问题式（3.1）可知，DM 阶段的贸易条件只取决于购买者货币持有量的总真实价值 $\phi_A m_a+\phi_B m_b$，因此，该最优化问题无法确定最优的货币构成。对于个体 j 来说，$v(q)=\phi_A m_a(j)+\phi_B m_b(j)$。对所有 $j\in[0,1]$ 进行加总可得到市场出清条件：$v(q)=\phi_A M_A+\phi_B M_B$。

由以上推导可知，货币的真实价值(ϕ_A,ϕ_B)在均衡中存在无数解。在所有的这些均衡中，特殊商品的产量和社会福利水平均相等。对于任意给定的汇率 $\epsilon=\phi_A\phi_B$，可解得 $\phi_A=\epsilon c(q)(\epsilon M_A+M_B)$，$\phi_B=c(q)(\epsilon M_A+M_B)$。因此，当两种货币的增长率相同时，它们具有完全替代关系，此时，均衡汇率是不确定的。

从直觉上讲，两种法定货币的内在价值均为 0，因此，它们的真实价值和兑换比例将完全取决于人们的预期和信念。不同的预期对应着不同的汇率水平。为克服这一汇率的不确定性问题，经济学者们在新货币主义框架下进行了多方面的尝试。接下来，我们将分别介绍第一代、第二代、第三代新货币主义模型中的国际货币模型。

3.2 第一代国际货币模型

第一代新货币主义模型中的国际货币研究以松山等（Matsuyama et al.，1993）和周（Zhou，1997）的两篇文章为代表。他们都构建了两国两货币的随机匹配模型，但研究侧重点有所不同。

松山等（1993）分析了一国货币成为国际货币在国际市场中流通的条件，他们发现，一国货币是否能够在跨境交易中作为支付手段，不仅取决于人口、经济开放程度等基本条件，也与人们的信念和社会常规息息相关。周（1997）的侧重点在于均衡地求解。在某些参数条件下，模型存在带有货币交易的纯策略均衡。① 其中，商品与货币之间的交易主要使用本国货币来进行支付，这一内生的结果与主流文献中外生给定的货币先行（CIA）假设相一致，从微观机制的角度为外生的 CIA 假设提供了理论支撑。接下来，我们将依据松山等（1993）对第一代国际货币模型进行简要介绍。

假设时间是连续的，且货币不可分。经济体中包含两个国家，A 国和 B 国。令$\hat{\alpha}_{ij}$代表 i 国个体与 j 国个体相遇的泊松到达率。假设$\hat{\alpha}_{ii} > \hat{\alpha}_{ji}$，即与本国个体之间相遇的概率高于本国与外国个体相遇的概率。两国初始的人口数量分别为N_A 和N_B，满足：$N_A + N_B = 1$。此后，两国的人口数量以 $\gamma \geqslant 0$ 的速率逐步增长。根据以上假设，等式$N_A \hat{\alpha}_{AB} = N_B \hat{\alpha}_{BA}$必定成立。松山等（1993）假设$\hat{\alpha}_{ii} = \beta N_i$，$\hat{\alpha}_{ij} = \beta^* N_j$，其中，$\beta^* < \beta$，即泊松到达率与人口数量成正比，但跨国匹配的概率低于国内匹配的概率。当β与β^*更接近时，代表两国经济一体化程度更强。

假设共存在 N 种不可储存且不可分的商品，每个国家存在 N 种不同类型的个体。类型为 n 的个体消费商品 n，但只生产商品 $n+1$（模为 N）。于是，$\alpha_{ij} = \hat{\alpha}_{ij}$代表 i 国个体遇到恰好愿意消费他生产的商品种类的 j 国个体的概率，α_{ij}也是 i 国个体遇到恰好能够生产他愿意消费的商品种类的 j 国个体的概率。

---

① 松山等（1993）和第二代新货币主义模型中的特雷霍斯和莱特（1995a，1995b）的纯策略均衡中都不存在货币与货币之间的直接兑换。

j 国政府向其本国的部分新生个体发行货币 j，假设得到新发行货币的新生个体比例为 $M_j \in (0,1)$。j 国政府通过发行货币换取商品，从而得到连续的铸币税收益。购买者的货币持有量为 1，出售者的货币持有量为 0。令 m_{ij} 代表持有货币 j 的 i 国购买者所占的比例，则 i 国出售者在本国总人口中所占比例为 $m_{i0} = 1 - m_{iA} - m_{iB}$。向量 $\boldsymbol{m} = (m_{ij})$ 代表 i 国的货币持有量分布。

在随机匹配过程中，当出售者与持有本国货币的购买者相遇时，交易一定会发生；但当出售者与持有外国货币的购买者相遇时，交易不一定会发生。令 λ_j 代表 j 国内是否有外国货币流通。若货币 i 在 j 国流通 $(j \neq i)$，此时，货币 i 是国际货币，记为 $\lambda_j = 1$。若货币 i 不在 j 国流通，则记为 $\lambda_j = 0$。因此，我们可以用组合 $\lambda = (\lambda_A, \lambda_B)$ 来代表国际货币模式，共有 4 种可能性。在模式(0,0)下，无国际货币；在模式(0,1)和(1,0)下，其中一种货币是国际货币；在模式(1,1)下，两种货币都是国际货币。接下来，我们将关注(0,0)、(1,0)和(1,1)三种模式，它们分别对应 0、1、2 种国际货币。

给定国际货币模式 λ，我们可以计算出稳态均衡下的货币持有量分布 $\boldsymbol{m}$。若 $\lambda_i = 0$，则 $m_{ij} = 0$。若 i 国内无国际货币流通，那么 i 国购买者自然不会持有外国货币。此外，本国购买者与出售者的交易不会改变货币持有量分布 $\boldsymbol{m}$。因此，在稳态均衡下，对于任意 $i \neq j$，有

$$\alpha_{ij} m_{i0} m_{ji} - \alpha_{ij} m_{ii} m_{j0} \lambda_j + \gamma (M_i - m_{ii}) = 0 \tag{3.2}$$

$$\alpha_{ij} m_{i0} m_{jj} \lambda_i - \alpha_{ij} m_{ij} m_{j0} - \gamma m_{ij} = 0 \tag{3.3}$$

式（3.2）左侧的第一项表示，当 i 国出售者与持有 i 国货币的 j 国购买者相遇并交易后，m_{ii} 将升高；第二项表示，当 j 国出售组合与持有 i 国货币的 i 国购买者相遇并交易（$\lambda_j = 1$）后，m_{ii} 将降低；最后一项表示，当 i 国中获得政府转移的新生个体的比例 M_i 超过 m_{ii} 时，m_{ii} 将升高。在稳态

下，m_{ii}的净变动应为0。式（3.3）的意义与式（3.2）类似。

我们将关注对称的纯策略均衡，即所有类型的个体均采取相同的策略。令V_{ij}代表持有j国货币的i国购买者的预期效用，令V_{i0}代表i国出售者的预期效用。个体效用的组合$V=(V_{ij})$满足如下动态规划方程：

$$rV_{i0}=(\alpha_{ii}m_{ii}+\alpha_{ij}m_{ji})(V_{ii}-V_{i0}-c)+(\alpha_{ii}m_{ij}+\alpha_{ij}m_{jj})\lambda_i(V_{ij}-V_{i0}-c) \tag{3.4}$$

$$rV_{ii}=(\alpha_{ii}m_{i0}+\alpha_{ij}m_{j0}\lambda_j)(u+V_{i0}-V_{ii}) \tag{3.5}$$

$$rV_{ij}=(\alpha_{ii}m_{i0}\lambda_i+\alpha_{ij}m_{j0})(u+V_{i0}-V_{ij}) \tag{3.6}$$

其中，r代表个体的时间偏好，u代表购买者消费商品所得的效用，c代表出售者生产商品的成本，它们满足：$0\leqslant c<u$。式（3.4）表示，i国出售者的效用流等于他与持有货币i的本国和外国购买者相遇并交易所获的贸易利得，加上他与持有货币j的本国和外国购买者相遇并交易（$\lambda_i=1$）所获的贸易利得。式（3.5）表示，持有本国货币的i国购买者的效用流等于他与本国出售者或愿意接受i国货币（$\lambda_i=1$）的外国出售者相遇并交易所获的贸易利得。式（3.6）的解释与式（3.5）类似。

出售者是否愿意接受外国货币进行交易取决于以下的激励条件：

$$V_{ij}-c>V_{i0}\rightarrow\lambda_i=1 \tag{3.7}$$

$$V_{ij}-c<V_{i0}\rightarrow\lambda_i=0 \tag{3.8}$$

即出售者愿意接受外国货币当且仅当持有外国货币的购买者的价值减去生产成本大于继续作为出售者的价值。

模型均衡由满足条件式（3.2）至式（3.8）的组合(λ,m,V)构成。接下来，我们将首先求解式（3.2）至式（3.6），然后查验不等式（3.7）和不等式（3.8）是否成立，从而确定不同均衡货币模式对应的参数空间。为简化起见，我们在下面的分析中考虑$C\rightarrow0$的情形。

对于无国际货币的模式 $\lambda=(0,0)$，式（3.2）和式（3.3）意味着 $m_{ii}=M_i$，$m_{ij}=0(j\neq i)$。将 λ 和 m 的值代入式（3.4）至式（3.6）可得

$$rV_{i0}=\alpha_{ii}M_i(V_{ii}-V_{i0})$$

$$rV_{ii}=\alpha_{ii}(1-M_i)(u+V_{i0}-V_{ii})$$

$$rV_{ij}=\alpha_{ij}(1-M_j)(u+V_{i0}-V_{ij})$$

其中，V_{ij}代表持有 j 货币的 i 国购买者的价值。但事实上，i 国购买者在此货币模式下并不会持有外国货币。激励条件要求 $V_{ij}\leqslant V_{i0}$。经计算，此不等式可变形为$\alpha_{ij}(1-M_j)\leqslant\alpha_{ii}^2M_i(1-M_i)/(r+\alpha_{ii})$。

在无国际货币的模式 $\lambda=(0,0)$下，α_{ij}的取值相对于α_{ii}来说应比较小。若购买者与外国出售者的相遇概率很高，那么即使本国出售者拒绝接受外国货币，购买者也会选择持有外国货币。因此，当两国经济一体化程度很高时，无国际货币的模式不会是均衡。此外，在无国际货币的模式 $\lambda=(0,0)$下，M_j 应足够大。若外国出售者人数很多但外国购买者很少，那么对于本国购买者来说，在匹配交易中将外国货币花出去将更容易。于是，出售者应愿意接受外国货币的支付方式，成为持有外国货币的购买者，尽管他们知道本国出售者并不愿接受外国货币。

对于存在两种国际货币的模式 $\lambda=(1,1)$，求解式（3.2）和式（3.3）可得

$$m_{i0}=1-\frac{(\gamma+\alpha_{ji})M_i+\alpha_{ij}M_j}{\gamma+\alpha_{ij}+\alpha_{ji}}$$

$$m_{ii}=M_i\frac{\gamma(\gamma+\alpha_{ij}+\alpha_{ji})+\alpha_{ji}[(\gamma+\alpha_{ji})(1-M_i)+\alpha_{ij}(1-M_j)]}{(\gamma+\alpha_{ij}+\alpha_{ji})[\gamma+\alpha_{ji}(1-M_i)+\alpha_{ij}(1-M_j)]}$$

其中，m_{i0}同时随 M_i 和 M_j 递减。当两国货币总量增加时，持有货币的购买者人数增加，因而不持有货币的出售者减少。此时，值函数满足：

$$rV_{i0}=(\alpha_{ii}m_{ii}+\alpha_{ij}m_{ji})(V_{ii}-V_{i0})+(\alpha_{ii}m_{ij}+\alpha_{ij}m_{jj})(V_{ij}-V_{i0})$$

$$rV_{ii}=(\alpha_{ii}m_{i0}+\alpha_{ij}m_{j0})(u+V_{i0}-V_{ii})$$

$$rV_{ij}=(\alpha_{ii}m_{i0}+\alpha_{ij}m_{j0})(u+V_{i0}-V_{ij})$$

由以上等式可得 $V_{ii}=V_{ij}$，即两国购买者对于持有本国货币和持有外国货币是无差异的。因此，两国货币可以完全替代。此外，$V_{ii}>V_{i0}$，故激励条件总是成立，存在两种国际货币的模式总是存在。从直觉上讲，若人们认为所有出售者都愿意接受两种货币，那么理性的出售者将愿意成为持有任意货币的购买者。

对于存在一种国际货币的模式 $\lambda=(1,0)$，A 国出售者愿意接受货币 B，但 B 国出售者不愿接受货币 A。此时求解式（3.2）和式（3.3）可得

$$m_{AA}=M_A,m_{AB}=\frac{\alpha_{AB}(1-M_A)M_B}{\gamma+\alpha_{AB}+\alpha_{BA}(1-M_A)}$$

$$m_{BA}=0,m_{BB}=\frac{(\gamma+\alpha_{AB})M_B}{\gamma+\alpha_{AB}+\alpha_{BA}(1-M_A)}$$

其中，m_{i0}同时随 M_A 和 M_B 递减。此外，对于给定的 M_i，m_{A0}的值比其他货币模式中更低，m_{B0}的值比其他货币模式中更高。A 国出售者愿意接受货币 B，故 A 国中不持有货币的个体更少；而 B 国出售者只接受本国货币，故 B 国中不持有货币的个体更多。A 国的值函数满足：

$$rV_{A0}=\alpha_{AA}m_{AA}(V_{AA}-V_{A0})+(\alpha_{AA}m_{AB}+\alpha_{AB}m_{BB})(V_{AB}-V_{A0})$$

$$rV_{AA}=\alpha_{AA}m_{A0}(u+V_{A0}-V_{AA})$$

$$rV_{AB}=(\alpha_{AA}m_{A0}+\alpha_{AB}m_{B0})(u+V_{A0}-V_{AB})$$

B 国的值函数满足：

$$rV_{B0}=(\alpha_{BA}m_{AB}+\alpha_{BB}m_{BB})(V_{BB}-V_{B0})$$

$$rV_{BA}=\alpha_{BA}m_{A0}(u+V_{B0}-V_{BA})$$

$$rV_{BB}=(\alpha_{BA}m_{A0}+\alpha_{BB}m_{B0})(u+V_{B0}-V_{BB})$$

由以上值函数可知，$V_{iB} > V_{i0}$，因此，两国出售者都愿意接受货币 B。激励约束要求 $V_{AA} \geqslant V_{A0}$，$V_{BA} \leqslant V_{B0}$，即 A 国出售者愿意接受货币 A，B 国出售者将拒绝货币 A。经计算，激励条件变形为

$$\frac{\alpha_{AA} m_{A0}}{\alpha_{AB} m_{B0}} \geqslant \frac{\alpha_{AA} m_{AB} + \alpha_{AB} m_{BB}}{r + \alpha_{AA} m_{A0} + \alpha_{AB} m_{B0}}$$

$$\frac{\alpha_{BA} m_{A0}}{\alpha_{BB} m_{B0}} \leqslant \frac{\alpha_{BA} m_{AB} + \alpha_{BB} m_{BB}}{r + \alpha_{BA} m_{A0} + \alpha_{BB} m_{B0}}$$

这意味着，A 国购买者与 A 国出售者相遇的概率很高，但 B 国购买者与 A 国出售者相遇的概率更低。

接下来，我们将探究不同参数组合下的均衡种类。首先改变 M_A 和 M_B 取值，同时保持其他参数不变，均衡种类的变化如图 3.1 所示。均衡 $\lambda = (1,1)$ 对于所有 M_A 和 M_B 取值均存在。当 M_A 和 M_B 的取值不过大也不过小时，存在均衡 $\lambda = (0,0)$。当货币 i 太多或太少时，i 国购买者和出售者在国内进行交易的概率过低，因此，他们愿意持有更易交易的外国

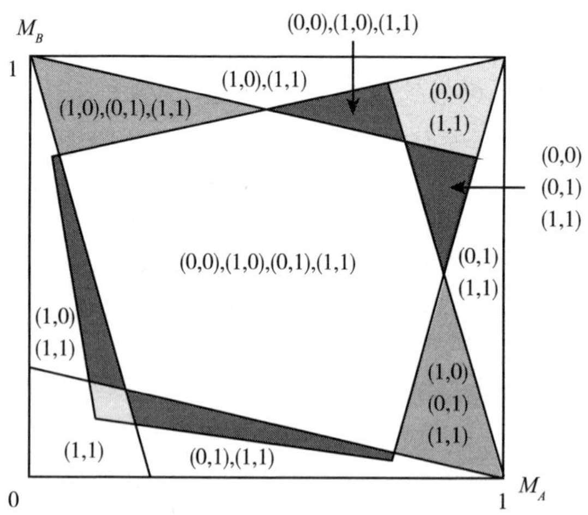

图 3.1　第一代国际货币模型在(M_A,M_B)空间中的均衡种类

资料来源：Trejos A，Wright R. Search-theoretic models of international currency［J］. Federal Reserve Bank of St. Louis Proceedings，1996，78（May）：117－132.

货币。此外，当货币 A 不过多且货币 B 不过少时，货币 A 将成为唯一的国际货币；当货币 B 不过多且货币 A 不过少时，货币 B 将成为唯一的国际货币。在图 3.2 中，我们改变α_{AA}和α_{AB}取值，同时保持其他参数不变。随着 A 国的开放程度逐渐增加，即α_{AB}的取值相对α_{AA}来说逐渐增大，$\lambda_A = 0$ 或 $\lambda_B = 1$ 的均衡逐渐消失。此时，货币 B 在 A 国内流通，而货币 A 不在 B 国内流通。

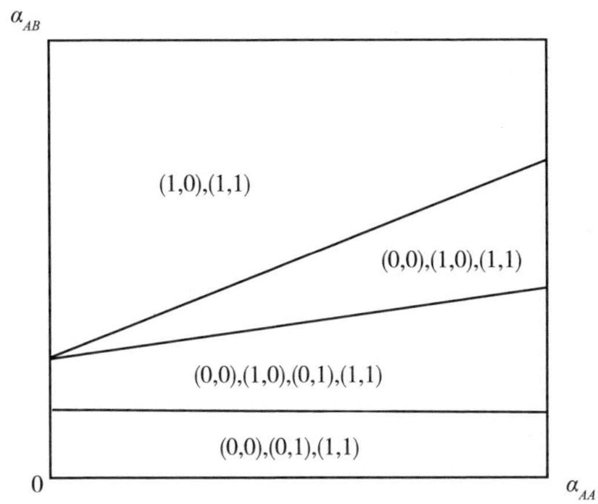

图 3.2　第一代国际货币模型在(α_{AA},α_{AB})空间中的均衡种类

资料来源：Trejos A，Wright R. Search-theoretic models of international currency [J]. Federal Reserve Bank of St. Louis Proceedings，1996，78（May）：117 – 132.

以上介绍的松山等（1993）研究模型的纯策略均衡中只存在商品与货币的交换，不存在两国货币间的交换，因此无法用于货币兑换和汇率的研究。周（1997）引入了购买者对于本国商品和外国商品的差异性偏好。于是，当持有货币 A 但喜爱 B 国商品的购买者与持有货币 B 但喜爱 A 国商品的购买者相遇时，货币交换就会发生。李和松井（Li and Matsui，2009）使用松山等（1993）的研究模型进一步分析了两国政策的战略性互动。他们发现，与无国际货币流通的模式相比，国际货币的发行国会选择更低的通胀率，而国际货币的使用国会选择更高的通胀率。此外，人口多的国家有更强的动机通过降低通胀率促使其货币进入国际市场，人口少的国家则希望通过降低本国通胀率阻止外国货币进入本国市场。

第一代国际货币模型的缺陷在于，买卖双方的交易形式是一一互换。因此，在这一框架下，我们无法讨论名义价格、名义汇率等重要变量的决定机制和影响因素。第二代国际货币模型引入了可分的商品，从而在一定程度上克服了这一缺陷。

3.3 第二代国际货币模型

接下来，我们依据特雷霍斯和莱特（1995a）、莱特和特雷霍斯（2001）的研究，介绍商品可分的第二代国际货币模型。买卖双方在匹配交易中通过议价确定产量为 q，假设购买者获得的效用为 $u(q)$，出售者的生产成本为 $c(q)=q$。买卖双方采取广义纳什议价方式来确定贸易条件。当持有货币 j 的 i 国购买者与 h 国出售者相遇时，若他们决定进行交易，则交易量 q 是以下最优化问题的解：

$$\max \left[u(q)+V_{i0}-V_{ij}\right]^{\theta}\left[-q+V_{hj}-V_{h0}\right]^{1-\theta}$$

$$\text{s.t.}\ u(q)+V_{i0}-V_{ij}\geqslant 0$$

$$-q+V_{hj}-V_{h0}\geqslant 0$$

为简单起见，假设 $\theta=1$，即购买者向出售者提出“接受或离开”的报价。于是，购买者将获得全部的交易剩余，故 $V_{i0}=0$，$V_{hj}=q_{hj}$。议价结果只与出售者的国家和货币种类相关，与购买者的国家无关。以 j 货币计价的 h 国产品价格为 $p_{hj}=1/q_{hj}$。

在此设定下，出售者总是愿意接受满足 $V_{hj}-V_{h0}\geqslant q$ 的报价。对于持有货币 j 的购买者来说，他愿意进行交易当且仅当此时消费所得的效用超过其继续持有货币等待交易机会的价值。因此，以下激励条件需在均衡中成立：

$$u(q_{ij})>V_{jj}\rightarrow\lambda_i=1 \tag{3.9}$$

$$u(q_{ij})<V_{jj}\rightarrow\lambda_i=0 \tag{3.10}$$

购买者的值函数应满足：

$$rV_{ii}=\alpha_{ii}m_{i0}[u(q_{ii})-V_{ii}]+\alpha_{ij}m_{j0}\lambda_j[u(q_{ji})-V_{ii}] \tag{3.11}$$

$$rV_{ij}=\alpha_{ii}m_{i0}\lambda_i[u(q_{ij})-V_{ij}]+\alpha_{ij}m_{j0}[u(q_{jj})-V_{ij}] \tag{3.12}$$

令 $q=(q_{ij})$，$V=(V_{ij})$，$m=(m_{ij})$，则均衡由满足条件式（3.2）、式（3.3）、式（3.9）至式（3.12）的组合(λ,m,V,q)构成。①

在无国际货币的模式 $\lambda=(0,0)$ 中，m 的均衡条件与商品是否可分无关，因此，均衡中的货币分布与3.2节相同。由式（3.11）和式（3.12）可知，对于$j\neq i$，均衡价格满足：

$$q_{ii}=\frac{\alpha_{ii}m_{i0}u(q_{ii})}{r+\alpha_{ii}m_{i0}}$$

$$q_{ij}=\frac{\alpha_{ij}m_{j0}u(q_{jj})}{r+\alpha_{ij}m_{j0}}$$

但事实上，在此模式下持有 j 货币的购买者与 i 国出售者之间并不会进行交易。在均衡中，持有 i 货币的购买者所得到的产量 q_{ii} 和 q_{ji} 都随货币 i 总量 M_i 递减，但与 M_j 无关。此外，$q_{AA}>q_{BB}$ 当且仅当$\alpha_{AA}(1-M_A)>\alpha_{BB}(1-M_B)$，即

① 严格来说，式（3.10）和式（3.11）并非正确的值函数动态方程。例如，当 $\lambda_j=0$ 时，i 货币不在 j 国内流通，此时，式（3.10）意味着持有货币 i 的 i 国购买者与 j 国出售者不会进行交易。然而，根据议价规则，i 国购买者在此时可以交易并获得 $V_{ji}>0$。事实上，即使人们认为 $\lambda_j=0$，持有货币 i 的 i 国购买者也会愿意与 j 国的出售者进行交易。这一矛盾结果的来源在于购买者议价能力为1的简化假设，特雷霍斯和莱特（1995b）对这一问题进行了详细讨论。

当 i 国个体的“单重巧合”概率较高且不持有货币的出售者比例较高时，i 国的产量更高。1 单位的 i 货币可以购买 q_{ii} 单位的商品，因此，根据购买力平价理论，均衡汇率为

$$e = \frac{q_{AA}}{q_{BB}} = \frac{p_{BB}}{p_{AA}}$$

假设持有货币 A 的购买者可在 A 国出售者处购买产量 q_{AA}，持有货币 B 的购买者可在 B 国出售者处购买产量 q_{BB}。假设在货币市场中两货币的名义汇率为 e，即 1 单位货币 A 可兑换 e 单位货币 B。于是，1 单位货币 A 可兑换为货币 B，从 B 国出售者那里购买 eq_{BB} 单位的商品。根据购买力平价，1 单位货币在本国直接购买的产量和兑换为外币后在外国购买的产量应相等，故 $q_{AA} = eq_{BB}$。

由前文可知，均衡汇率随 M_A 递减，随 M_B 递增，随 α_{AA} 递增，随 α_{BB} 递减。A 国货币总量增加或 B 国货币总量减少会使得货币 A 贬值，货币 B 升值。A 国“单重巧合”的概率增加或 B 国“单重巧合”的概率减少使得对货币 A 的需求相对增加，货币 A 升值，货币 B 贬值。此外，两国之间效用函数和成本函数的差异也会对均衡汇率产生影响。

无国际货币的模式 $\lambda = (0,0)$ 要求激励条件（3.9）和条件（3.10）成立。条件（3.9）对于所有参数取值均成立。条件（3.10）意味着持有 j 货币的购买者不愿与 i 国出售者进行交易，该不等式成立当且仅当 $u(q_{ij}) \leqslant q_{jj}$，$i \neq j$，经计算变形可得

$$u\left[\frac{\alpha_{ij}(r + \alpha_{jj}m_{j0})}{\alpha_{jj}(r + \alpha_{ij}m_{j0})}q_{jj}\right] \leqslant q_{jj}$$

此式在 α_{ij} 的值相对于 α_{jj} 比较小时成立。

在存在两种国际货币的模式 $\lambda = (1,1)$ 下，$q_{ii} = q_{ij} = Q_i$。购买者使用两国货币从同一出售者处可购买相同的产量，因此，两国货币是完全替

代品。在假想的货币市场中，市场出清价格应为1。然而，根据购买力平价定义的均衡汇率为 $e=Q_A/Q_B$，在一般情况下此式的值不为1。这是因为，虽然匹配交易的产量与购买者所持的货币种类无关，但与出售者所在的国家相关。

在模式 $\lambda=(1,1)$ 下，Q_A 和 Q_B 都随 M_A 和 M_B 递减，故一国货币总量的增加会导致两国的价格水平都升高。只要两国的“单重巧合”概率 α_{ij} 和货币总量 M_j 差别不太大，那么 M_A 增加对 A 国产量的影响将大于其对 B 国产量的影响，从而使得购买力平价汇率 $e=Q_A/Q_B$ 随 M_A 递减，随 M_B 递增。

存在两种国际货币的模式 $\lambda=(1,1)$ 要求两国的激励条件成立，即 $u(Q_i)\geqslant Q_j$，$j\neq i$。若两国是对称的，即 $M_A=M_B$，$\alpha_{ii}=\alpha_{jj}$，$\alpha_{ij}=\alpha_{ji}$，那么激励条件在所有可能的参数取值下均成立，有两种国际货币的均衡总是存在。但如果两国的差别很大，那么激励条件将不再成立，不存在 $\lambda=(1,1)$ 的均衡。例如，若 α_{jj} 相对于 α_{ii} 很低，那么对于给定的货币支付量，j 国出售者愿意提供的产量将低于 i 国出售者愿意提供的产量，于是，当 i 国购买者与 j 国出售者相遇时，他们将选择继续持有货币而非与 j 国出售者进行交易。在此均衡下，即使两国货币是完全替代的关系，两国出售者却不能相互替代。这一结果与商品不可分的模型形成了鲜明的对比。在商品不可分的模型中，$\lambda=(1,1)$ 的均衡总是存在。

在存在一种国际货币的模式 $\lambda=(1,0)$ 中，A 国出售者愿意接受货币 B，但 B 国出售组合不愿接受货币 A。货币 A 的购买力在两个国家有所不同：

$$q_{AA}=\frac{\alpha_{AA}m_{A0}}{r+\alpha_{AA}m_{A0}}u(q_{AA})$$

$$q_{BA}=\frac{\alpha_{BA}m_{A0}}{r+\alpha_{BA}m_{A0}}u(q_{AA})$$

与模式 $\lambda=(0,0)$ 相比，m_{A0} 的值更低，因此，q_{AA} 与 q_{BA} 的值也更低。外币流入本国市场使得本国出售者的比例减少，故而产量降低，商品价格升高。此外，m_{A0} 随 M_A 和 M_B 降低，因此，q_{AA} 和 q_{BA} 也随 M_A 和 M_B 而降低。货币总量的增加使得 A 国出售者的比例降低，从而带来产量降低和价格升高。

货币 B 的购买力同样取决于出售者所在国家：

$$q_{AB}=\frac{\alpha_{AA}m_{A0}u(q_{AB})+\alpha_{AB}m_{B0}u(q_{BB})}{r+\alpha_{AA}m_{A0}+\alpha_{AB}m_{B0}}$$

$$q_{BB}=\frac{\alpha_{BA}m_{A0}u(q_{AB})+\alpha_{BB}m_{B0}u(q_{BB})}{r+\alpha_{BA}m_{A0}+\alpha_{BB}m_{B0}}$$

q_{AB} 和 q_{BB} 随 M_A 和 M_B 而减小，因此，两国货币总量增加会使得本国货币和外国货币的购买力都降低。当两国差别不大时，$q_{BB}>q_{AB}$ 成立，因此，一国货币在本国的购买力高于其在外国的购买力。A 国出售者两种货币都愿意接受，而 B 国出售者只接受本国货币。因此，与存在两种国际货币的模式 $\lambda=(1,1)$ 相比，A 国持有货币的个体比例更高，m_{A0} 的值更低；而 B 国持有货币的个体比例更低，m_{B0} 的值更高，故而产量 q_{AB} 更低。此外，$q_{AB}>q_{AA}$，两种情形的差异在于货币种类，故而产量之差 $q_{AB}-q_{AA}$ 随两国的货币供给之差 M_A-M_B 而增加。对 A 国出售者来说，外国货币的价值高于本国货币。

在模式 $\lambda=(1,0)$ 中，激励约束要求持有货币 B 的 B 国购买者愿意与 A 国出售者进行交易，因此，$u(q_{AB})\geqslant q_{BB}$；持有货币 A 的 A 国购买者不愿与 B 国出售者进行交易，因此，$u(q_{BA})\leqslant q_{AA}$。

由以上分析可知，当一国货币成为国际货币后，它的真实价值会升高；当外国货币成为国际货币后，本国货币的真实价值会降低。在图 3.3 中，我们改变 M_A 和 M_B 的取值，同时保持其他参数的取值不变。我们考虑两国对称的情形，因此，$\lambda=(1,1)$的均衡总是存在。由于α_{ij}的值比较小，因此，除 M_A 和 M_B 很高的情形外，无国际货币的均衡 $\lambda=(0,0)$ 总是存在。此外，当本国货币作为唯一国际货币的均衡存在时，外国货币的总供给量不会太高。例如，$\lambda=(1,0)$ 的均衡只在 M_A 不太大时存在。在图 3.4 中，我们考察α_{AA}和α_{AB}的取值变化对均衡货币模式的影响。$\lambda=(1,1)$的均衡只在部分参数区域内存在。$\lambda=(0,0)$ 的均衡只在α_{AB}低于某一临界值时存在。当α_{AA}逐渐增加时，A 国的国内经济活动增多；当α_{AB}逐渐增加时，A 国的开放程度升高。这两种情形都会使得货币对于 A 国出售者的真实价值更高，使得 B 国购买者更愿意与 A 国出售者进行交易，于是，模式为 $\lambda=(1,0)$ 的均衡更容易出现。

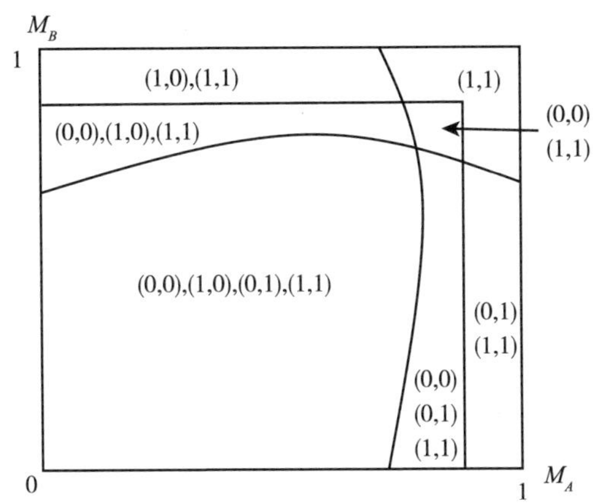

图 3.3 第二代国际货币模型在(M_A,M_B)空间中的均衡种类

资料来源：Trejos A，Wright R. Search-theoretic models of international currency ［J］. Federal Reserve Bank of St. Louis Proceedings，1996，78（May）：117－132.

接下来，我们分析货币供给量(M_A,M_B)对均衡产量和福利的影响，并探讨两国政府内生性的战略性互动。i 国政府从 M_A 部分的新生个体处用货币 i 购买商品，因此，人均真实铸币税收益为 $S_i=\gamma M_i q_{ii}$。随着 M_i 逐渐增加，S_i 先增加后减少。因此，存在使得铸币税收益最高的货币供给

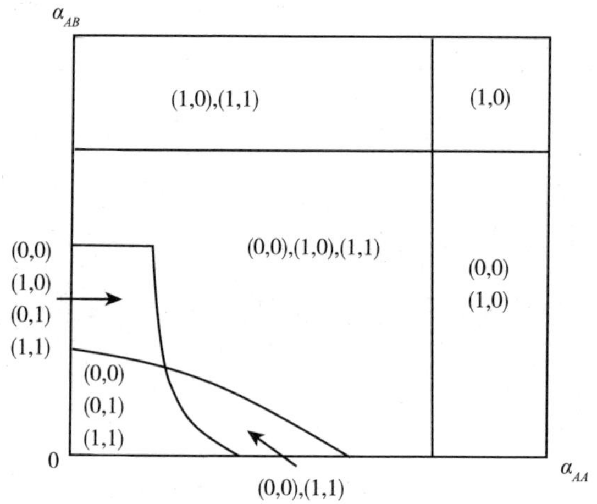

图 3.4　第二代国际货币模型在(α_{AA},α_{AB})空间中的均衡种类

资料来源：Trejos A，Wright R. Search-theoretic models of international currency［J］. Federal Reserve Bank of St. Louis Proceedings，1996，78（May）：117－132.

量。此模型的货币均衡模式具有多样性。在货币 A 是国际货币的模式下，A 国铸币税收益 S_A 更高，在货币 B 是国际货币的模式下，S_A 更低。因此，给定 B 国的货币供给 M_B，使得 A 国铸币税收益最高的 M_A 在不同货币模式下也不同。

我们将 i 国在稳态下的社会福利定义为购买者和出售者的值函数之和：

$$W_i = m_{i0} V_{i0} + m_{iA} V_{iA} + m_{iB} V_{iB}$$

何种货币模式下的社会福利最高取决于两国的货币供给量。若 M_A 很低，则货币模式 $\lambda = (1,0)$ 下的 A 国社会福利最高，此时 A 国出售者愿意接受 B 国货币，使得 A 国内的交易更易达成。若 M_B 很低或很高，则 A 国福利在货币模式 $\lambda = (0,0)$ 下最高，因此，$\lambda = (1,1)$ 并不总是优于 $\lambda = (0,0)$。

两国政府分别选择最优的货币供给量(M_A^W, M_B^W)，使得本国福利最大化。我们将求解两国政策博弈的纳什均衡，即对于给定的 M_i^W，M_j^W 是使

得 W_j 达到最大值的 j 国货币供给量。此外，我们还将计算使得两国铸币税收益最大化的纳什均衡(M_A^S, M_B^S)。

假设两国政府能够协商合作，若两国的铸币税收益可以进行跨国转移，那么合作博弈的结果将使得两国的铸币税收益之和 $S_A + S_B$ 最大化，我们将此时的最优政策记为(M_A^T, M_B^T)。若铸币税收益无法进行跨国转移，假设两国政府将选择使得$(S_A - S_A^S)(S_B - S_B^S)$最大化的货币供应量$(M_A^N, M_B^N)$，其中，$S_j^S$ 代表政策(M_A^S, M_B^S)下的 j 国铸币税收益。

政策分析的主要结论如下。第一，若外国货币在 i 国内流通，那么使得 i 国福利最大化的货币总量低于使得 i 国铸币税收益最大化的货币总量；若 i 国内无外国货币流通，那么使得 i 国福利最大化和使得 i 国铸币税收益最大化的货币总量是相等的。例如，A 国福利为 $W_A = m_{AA}V_{AA} + m_{AB}V_{AB}$，A 国铸币税收益为 $S_A = \gamma M_A V_{AA}$。若本国购买者不持有外国货币，即 $m_{AB} = 0$，那么 m_{AA} 与 M_A 成正比，一国政府无法向外国居民收取铸币税，故使得 A 国福利和铸币税收益最大化的货币总量相同。第二，从(M_A^S, M_B^S)出发，同时降低两国的货币总量可使得两国的社会福利都增加。第三，同时降低两国的货币总量可使得两国的铸币税收益都增加。在非合作博弈中，各国政府不考虑本国政策对他国的影响，因此，非合作博弈均衡中的货币总量过多。合作博弈均衡(M_A^N, M_B^N)中的货币总量更少，铸币税收益更高。

以上，我们基于特雷霍斯和莱特（1995a）的框架介绍了第二代国际货币模型中的货币模式并进行了福利分析。在其他一些第二代国际货币模型的研究中，卡梅拉和文克勒尔（Camera and Winkler，2003）构架了带有价格发布的两国两货币模型，柯蒂斯和沃勒（Curtis and Waller，2000）、沃勒和柯蒂斯（2003）分析了政府对外币使用的相关政策对于均衡汇率和外币接受程度的影响机制，卡梅拉等（2004）、克雷和沃勒

（Craig and Waller，2004）分析了安全货币和风险货币共存的两国模型，并推导出货币替代（美元化）发生的条件以及均衡汇率的分布。

3.4 第三代国际货币模型

在第一代和第二代国际货币模型中，货币不可分，因此，匹配交易只能使用1单位本国货币或1单位外国货币进行支付。经济主体在配对交易中可以自由选择支付和接受的货币种类，但不存在集中的货币兑换市场。因此，即使不同货币的收益率有所差异，这些货币也可作为交易媒介在经济体中同时流通。若个体持有的某种货币比例过高，他们将在配对交易中调整自己所持货币的构成，从而形成了均衡名义汇率的分布。一旦人们可以在家庭内部（Shi，1997）或进入中心化市场（Logos and Wright，2005）调整自己所持货币的构成，均衡名义汇率将无法确定。早期的第三代国际货币模型主要采取石（Shi，1997）的方法，引入包含无限个成员的家庭来消除货币分布。接下来，我们将依据黑德和石（Head and Shi，2003）对早期的第三代国际货币模型进行简要介绍。

假设共存在 J 种不可储存的商品。每个国家内存在 J 种不同的家庭。类型为 j 的家庭生产商品 j，但只消费商品 $j+1$（模为 J）。消费 q 单位商品带来的效用为 $u(q)=Bq$，$B>0$，生产 q 单位商品的成本为 $\phi(q)=q^{\xi}$，$\xi>1$。每个家庭由单位连续测度的购买者和出售者组成，出售者的测度为 $s\in(0,1)$。每个购买者只能持有1种货币。假设某 i 国家庭中持有货币A的购买者测度为 n_{iA}，持有货币B的购买者测度为 n_{iB}，故 $n_{AA}+n_{AB}=1-s$。

随机匹配交易可分为两类：一是来自不同国家的持有不同货币的购

买者之间的交易[①]；二是类型 i 家庭的购买者与类型 $i+1$ 家庭的出售者之间的交易。令 W_{ik} 代表 i 国持有 k 货币的购买者与本国出售者的匹配交易总量，令 W_{ik}^{f} 代表 i 国持有 k 货币的购买者与外国出售者的匹配交易总量。令 $Y_{kk'}$ 代表持有 k 货币的 A 国购买者与持有 k' 货币的 B 国购买者之间的匹配交易总量。假设匹配方程为

$$W_{ik} = \frac{1}{(1+\alpha)J} n_{ik}^{\psi} s^{1-\psi}$$

$$W_{ik}^{f} = \frac{\alpha}{(1+\alpha)J} n_{ik}^{\psi} s^{1-\psi}$$

$$Y_{kk'} = \frac{\alpha}{1+\alpha} n_{Ak}^{1/2} n_{Bk'}^{1/2}$$

其中，$\alpha,\psi \in (0,1)$。那么，$W_{ik}^{f} = \alpha W_{ik}$ 意味着跨国交易的发生概率低于国内交易。

在购买者与出售者的匹配交易中，购买者提出“接受或离开”的报价，因此，购买者可获得全部的交易剩余。令 q 代表出售者的生产量，令 d 代表购买者的支付量。根据购买者的国家、出售者的国家、购买者所持货币种类，购买者与出售者之间的交易可分为八种不同的情形。若 i 国出售者与持有 i 国货币的 i 国购买者相遇，则贸易条件为 (q_{ii}, d_{ii})；若 i 国出售者与持有 j 国货币的 i 国购买者相遇，则贸易条件为 (q_{ij}, d_{ij})；若 i 国出售者与持有 i 国货币的 j 国购买者相遇，则贸易条件为 (q_{ii}^{f}, d_{ji}^{f})；若 i 国出售者与持有 j 国货币的 j 国购买者相遇，则贸易条件为 (q_{ij}^{f}, d_{jj}^{f})。

购买者之间的匹配交易可分为两类。在类型 I 货币交易中，购买者用本国货币换取外国货币，其中，f_{AA} 代表货币 A 的交易量，f_{BB} 代表货币

① 在早期的国际货币模型中，周（1997）和王（Wang，2000）的匹配交易阶段也存在货币间的直接兑换。周（1997）中的货币交换动机来自两国居民偏好的不同。王（2000）中的货币交换动机来自政府收缴私人所持货币的风险。

B 的交易量；在类型Ⅱ货币交易中，购买者用外国货币换取本国货币，其中，f_{BA}代表货币 A 的交易量，f_{AB}代表货币 B 的交易量。在货币交易中，假设由 A 国购买者提出报价，但 B 国购买者至少要获得一半的交易剩余。

i 国家庭在 t 期初得到本国货币当局的一次性货币转移 τ_{it}。令 M_{kt}代表 t 期末的 k 货币总量，γ_{kt}代表 t 期至 $t+1$ 期的 k 货币总量增长率，则 $\tau_{kt+1}=(\gamma_{kt}-1)M_{kt}$，$k=A$，$B$。令 m_{ikt}代表货币转移完成后，i 国家庭持有的 k 国货币总量。此时，家庭将选择持有每种货币的家庭成员的测度 n_{ik}，并将货币总量在家庭成员间进行平均分配。匹配交易发生后，家庭将交易所得的消费品在家庭成员间平均分配。货币市场出清条件为 $m_{Akt}+m_{Bkt}=M_{kt}$。

i 国家庭在 t 期需确定持有 k 货币成员的测度 n_{ik}，下期的 k 货币持有量 m'_{ik}，以及匹配交易中各成员的交易决策。匹配交易中的决策包括三类。一是持有 k 货币的购买者与本国出售者之间的贸易条件(q_{ik},d_{ik})，以及与外国出售者之间的贸易条件$(q^f_{i'k},d^f_{ik})$。二是出售者对于持有 k 货币的本国购买者所提报价的回应 $z_{ij}\in\{0,1\}$，以及对持有 k 货币的外国购买者所提报价的回应 $z^f_{ik}\in\{0,1\}$，其中，$z=0$ 代表出售者拒绝报价，$z=1$ 代表接受报价。三是货币交易的决策。A 国家庭的货币交易决策是报价$(f_{AA},f_{BB},f_{AB},f_{BA})$；B 国家庭的货币交易决策是对报价的回应 g_I 和 g_{II}，取值为 0 代表拒绝报价，取值为 1 代表接受报价。

当持有 k 货币的 i 国购买者与本国出售者相遇时，贸易条件为(q_{ik},d_{ik})。令 $V^i(m_{AA},m_{AB})$代表 i 国家庭的值函数，那么 i 国代表性家庭在下期持有 k 货币的边际折现价值为$\Omega_{ik}\equiv\beta V_k(m'_{AA},m'_{AB})$，$k=A,B$。出售者在报价$(q_{ik},d_{ik})$下获得的交易剩余为$\Omega_{ik}d_{ik}-\phi(q_{ik})$。购买者提出“接受或离开”的报价$(q_{ik},d_{ik})$来获取出售者的全部剩余，因此，$\Omega_{ik}d_{ik}=\phi(q_{ik})$。此外，报价中的货币支付量不能超过购买者的货币持有量，故 $m_{ik}/n_{ik}\geqslant d_{ik}$，$i,k=A,B$。类似地，当持有 k 货币的 i 国购买者与外国出售者相遇时，贸易条件($q^f_{i'k}, d^f_{ik}$)满足：$\Omega_{i'k}x^f_{ik} = \phi(q^f_{i'k})$，$m_{ik}/n_{ik} \geqslant d^f_{ik}, i, k = A, B$。

在Ⅰ型货币交易中，持有货币 A 的 A 国购买者与持有货币 B 的 B 国购买者相遇，A 国购买者提出报价(f_{AA}, f_{BB})，B 国购买者决定是否接受此报价。该报价需要将至少一半的交易剩余 $\max(\Delta_A/2, 0)$ 分配给 B 国购买者，其中，

$$\Delta_A \equiv (\Omega_{AB}f_{BB} - \Omega_{AA}f_{AA}) + (\Omega_{BA}f_{AA} - \Omega_{BB}f_{BB})$$

其中，公式右侧的第一项代表 A 国家庭获得的剩余，第二项代表 B 国家庭获得的剩余。若$\Omega_{BA}f_{AA} - \Omega_{BB}f_{BB} \geqslant \max(\Delta_A/2, 0)$，则 B 国家庭接受此报价($G_I = 1$)，否则就拒绝此报价($G_I = 0$)。此外，报价($f_{AA}, f_{BB}$)中的货币交易量不应超出双方的货币持有量，因此，$m_{AA}/n_{AA} \geqslant f_{AA}$，$m_{BB}/n_{BB} \geqslant f_{BB}$。

在Ⅱ型货币交易中，持有货币 B 的 A 国购买者与持有货币 A 的 B 国购买者相遇。A 国购买者做出满足以下条件的报价(f_{AB}, f_{BA})：$\Omega_{BB}f_{AB} - \Omega_{BA}f_{BA} \geqslant \max(\Delta_B/2, 0)$，$m_{AB}/n_{AB} \geqslant f_{AB}$，$m_{BA}/n_{BA} \geqslant f_{BA}$，其中，

$$\Delta_B \equiv (\Omega_{AA}f_{BA} - \Omega_{AB}f_{AB}) + (\Omega_{BB}f_{AB} - \Omega_{BA}f_{BA})$$

若 B 国家庭接受此报价，则$G_{II} = 1$，若拒绝此报价，则$G_{II} = 0$。

根据以上匹配交易的结果可知，A 国家庭的预期消费为

$$c = n_{AA}\left(\frac{W_{AA}}{n_{AA}} + \frac{W^f_{AA}}{n_{AA}}q^f_{BA}\right) + n_{AB}\left(\frac{W_{AB}}{n_{AB}}q_{AB} + \frac{W^f_{AB}}{n_{AB}}q^f_{BB}\right)$$

其中，公式右侧第一项代表购买者使用货币 A 获得的消费，第二项代表购买者使用货币 B 获得的消费。A 国家庭的生产成本为

$$p = [W_{AA}\phi(q_{AA}) + W_{AB}\phi(q_{AB})] + [W^f_{BA}\phi(q^f_{AA}) + W^f_{BB}\phi(q^f_{AB})]$$

其中，公式右侧第一项代表出售者与本国购买者交易时的生产成本，第二项代表出售者与外国购买者交易时的生产成本。A 国家庭的动态优化问题满足：

$$V^A(m_{AA},m_{AB}) = \max[u(c) - p + \beta V(m'_{AA},m'_{AB})]$$

其中，A 国家庭在下一期的货币持有量满足：

$$m'_{AA} = m_{AA} - \left(n_{AA}\frac{Y_{AB}}{n_{AA}}G_I f_{AA} - n_{AB}\frac{Y_{BA}}{n_{AB}}G_{II} f_{BA}\right) + (W_{AA}d_{AA} + W^f_{BA}d^f_{BA}) - n_{AA}\left(\frac{W_{AA}}{n_{AA}}d_{AA} + \frac{W^f_{AA}}{n_{AA}}d^f_{AA}\right) + (\gamma_A - 1)M_A \quad (3.13)$$

$$m'_{AB} = m_{AB} + \left(n_{AA}\frac{Y_{AB}}{n_{AA}}G_I f_{BB} - n_{AB}\frac{Y_{BA}}{n_{AB}}G_{II} f_{AB}\right) + (W_{AB}d_{AB} + W^f_{BB}d^f_{BB}) - n_{AB}\left(\frac{W_{AB}}{n_{AB}}d_{AB} + \frac{W^f_{AB}}{n_{AB}}d^f_{AB}\right) \quad (3.14)$$

在货币交易中，家庭中的货币 A 持有者用f_{AA}单位的货币 A 向外国购买者换取货币 B，货币 B 持有者向外国购买者换取f_{BA}单位的货币 A。家庭中的出售者在与本国购买者的交易中得到 d_{AA}单位的货币 A，在与外国购买者的交易中得到的 d^f_{BA}单位的货币 A。家庭中持有货币 A 的购买者在与本国出售者的交易中花费 d_{AA}单位的货币 A，在与外国出售者的交易中花费 d^f_{AA}单位的货币 A。在匹配交易结束后，A 国家庭将收到本国政府$(\gamma_A - 1)M_A$ 单位的货币 A 转移。因此，A 国家庭在下期的货币 A 持有量如式（3.13）、式（3.14）所示。A 国家庭在下期的货币 B 持有量可使用类似的方法确定。

该模型共存在三种类型的均衡。在类型 I 均衡中，只有类型 I 的货币交易发生；在类型Ⅱ均衡中，只有类型Ⅱ的货币交易发生；在类型 O 均衡中，两种类型的货币交易都发生。在世界范围内，货币 A 相对于货币 B 的价值为

$$e \equiv \frac{\Omega_{AA} + \Omega_{BA}}{\Omega_{AB} + \Omega_{BB}}$$

这与两货币在两国境内的相对价值Ω_{AA}/Ω_{AB}和Ω_{BA}/Ω_{BB}不同。令 $\Pi = \Omega_{AB}\Omega_{BA} -$

$\Omega_{AA}\Omega_{BB}$。那么当 $\Pi=0$ 时，两国境内的货币相对价值相等；当 $\Pi>0$ 时，货币 A 相对于货币 B 的价值在 A 国境内较低；当 $\Pi<0$ 时，货币 A 相对于货币 B 的价值在 A 国境内较高。

引理 3.1　在三种类型的均衡下，货币交易中货币 A 相对于货币 B 的价值（名义汇率）相同。类型Ⅰ均衡存在当且仅当 $\Pi>0$，此时，货币交易的贸易条件为

$$\begin{pmatrix} f_{AA} \\ f_{BB} \end{pmatrix} = \begin{pmatrix} 1 \\ e \end{pmatrix} \frac{M_{AA}}{n_{AA}} \mu_I + \begin{pmatrix} \frac{1}{e} \\ 1 \end{pmatrix} \frac{M_{BB}}{n_{BB}} (1-\mu_{\mathrm{I}})$$

类型Ⅱ均衡存在当且仅当 $\Pi<0$，此时货币交易的贸易条件为

$$\begin{pmatrix} f_{AB} \\ f_{BA} \end{pmatrix} = \begin{pmatrix} 1 \\ \frac{1}{e} \end{pmatrix} \frac{M_{AB}}{n_{AB}} \mu_{II} + \begin{pmatrix} e \\ 1 \end{pmatrix} \frac{M_{BA}}{n_{BA}} (1-\mu_{\mathrm{II}})$$

类型 O 均衡存在当且仅当 $\Pi=0$，此时 $\Delta_A=\Delta_B=0$，任意满足 $f_{BB}=e f_{AA}$ 的贸易条件都是均衡。其中，

$$\mu_{\mathrm{I}} \equiv \mu\left(\frac{M_{BB}}{n_{BB}} - e\frac{M_{AA}}{n_{AA}}\right)$$

$$\mu_{\mathrm{II}} \equiv \mu\left(e\frac{M_{BA}}{n_{BA}} - \frac{M_{AB}}{n_{AB}}\right)$$

方程 $\mu(\cdot)$ 满足条件：当 $y>0$ 时，$\mu(y)=1$；当 $y\leqslant 0$ 时，$\mu(y)=0$。

从引理 3.1 可知，只有当两种货币的相对价值在两国境内相等时，双向的货币交易才会发生。否则，货币交易只是单向的，各国分别用其相对价值较低的货币换取相对价值较高的货币。接下来，我们主要探讨类型 O 均衡。令 λ_{ik} 代表持有 k 货币的 i 国购买者与本国出售者的匹配交易中约束 $m_{ik}/n_{ik}\geqslant d_{ik}$ 的影子价格，令 λ_{ik}^f 代表持有 k 货币的 i 国购买者与外国出售者的匹配交易中约束 $m_{ik}/n_{ik}\geqslant d_{ik}^f$ 的影子价格。类型 O 均衡可分为

两类：一是货币和商品的交易面临紧约束的情形，即 $\lambda_{ik},\lambda_{ik}^{f}>0$；二是约束为松的情形。

在紧约束的情形中，购买者将持有的全部货币用于购买商品，即 $d_{ik}=d_{ik}^{f}=M_{ik}/n_{ik}$，$i,k=A,B$。令 $\theta_i\equiv(M_{ii}/n_{ii})/(M_{i'i}/n_{i'i})$ 代表本国购买者与外国购买者每人所持 i 货币数量之比。可以证明，在稳态均衡中，商品交易量满足：$q_{ii}^{f}/q_{ii}=\theta_i^{-1/\xi}=q_{i'i}/q_{i'i}^{f}$。$q_{ii}^{f}/q_{ii}$ 和 $q_{i'i}/q_{i'i}^{f}$ 分别代表两国出售者与持有 i 货币的 i' 国购买者和 i 国购买者的交易量之比。因此，在均衡中，出售者对于将商品卖给本国购买者还是外国购买者是无差异的。若 i' 国购买者持有的 i 货币量小于 i 国购买者，即 $\theta_i>1$，则出售者向 i' 国购买者提供的商品量少于 i 国购买者。此外，在稳态均衡中商品交易量满足：$q_{ii'}/q_{ii}=[A(n_{ii})]^{1/\xi}$，其中，

$$A(n_{ii})=\frac{\dfrac{\gamma_i}{\beta}-1+(1+\alpha)\dfrac{W_{ii}}{n_{ii}}}{\dfrac{\gamma_{i'}}{\beta}-1+(1+\alpha)\dfrac{W_{ii'}}{n_{ii'}}}$$

因此，购买者使用不同货币从本国出售者处获得的商品量之比与两国货币供给量之比呈负相关关系。

在紧约束的均衡中，存在唯一的名义汇率

$$e=\frac{M_B}{M_A}\frac{n(\gamma_A,\gamma_B)}{A[n(\gamma_A,\gamma_B)][1-s-n(\gamma_A,\gamma_B)]}$$

本国货币增长率升高，外国货币增长率较低，或是本国初始货币总量相对于外国升高，都会导致本国货币贬值。若两国货币增长率相同，则家庭中持有货币 A 和货币 B 的购买者测度相同，即 $n(\gamma_A,\gamma_B)=(1-s)/2$，此时，$A[n(\gamma_A,\gamma_B)]=1$，$e=M_{B0}/M_{A0}$。若两国的初始货币总量也相同，则名义汇率 $e=1$。

引理 3.2 令 $D\equiv Y_{AB}f_{AA}-Y_{BA}f_{BA}$ 代表双向货币交易中 A 国家庭的货币

A 净支付量。若 $\gamma_i = 1$，则 $D > 0$ 当且仅当 $\gamma_{i'} > 1$。

货币交易的来源在于货币总量增长。若两国货币总量保持不变，则净货币交易量等于 0。若两国货币总量都增加，则 i 国在货币交易中是货币 i 的净供给者。货币总量增加使得两国货币的真实价值都降低，但各国居民只能收到本国政府的货币转移，因此，货币 A 在 A 国贬值的幅度大于在 B 国贬值的幅度，在货币交易中用本国货币换取外国货币对两国来讲都有益处。货币交易使得两种货币在两国的相对价值相等。反过来，若两国货币总量都减少，则 i 国在货币交易中是货币 i 的净接受者。

若两国的货币增长率相同，即 $\gamma_A = \gamma_B$，则任意货币对两国居民的价值相同，两国居民各持有货币总量的一半，$\theta_A = \theta_B = 1$。假设两国的货币增长率不同，那么当 $\theta_A > 1$，$\theta_B < 1$ 时，A 国持有的两种货币量超过总量的一半，因此，两种货币的价值在 A 国低于 B 国。反过来，当 $\theta_A < 1$，$\theta_B > 1$ 时，A 国持有的货币量不足总量的一半，因此，两种货币的价值在 A 国高于 B 国。

若在均衡中约束为松，那么两国货币增长率必定符合弗里德曼准则，即无论货币的初始分布如何，两国货币数量均以 β 的速率逐渐减少。然而，名义汇率取决于两国货币的初始分布，因此，在这种情形下，名义汇率在均衡中无法确定。

刘和石（Liu and Shi，2010）利用类似的框架分析了货币区和两国政策协调的问题。① 他们发现，两国政府在非合作博弈中的纳什均衡高于弗里德曼准则，在合作博弈中的最优政策等于弗里德曼准则。合作博弈均衡下的两国消费和福利水平均升高，两国间的贸易也更频繁。这与第二代国际货币模型的福利效应相似。在 3.3 节中，我们发现非合作博弈均衡

① 黑德和石（2003）假设购买者只能持有一种货币。刘和石（2010）假设出售者在交易中只能接受一种货币。

中的货币总量过多，这与此处的结论有异曲同工之妙。

3.5 本章小结

我们在本章首先论证了卡雷肯和华莱士（1981）的汇率不确定问题，然后依次介绍了第一代、第二代和早期的第三代国际货币模型。第一代国际货币模型中商品和货币均不可分，因此，无法推导出均衡的汇率水平。然而，这一简单的模型设定却可带来多样的货币体系模式，为研究国际货币体系形成和演化的内生推动因素提供了基准框架。第二代国际货币模型通过引入可分的商品，使得均衡汇率得以确定，阐释了不同货币模式对均衡汇率的影响机制。早期的第三代国际货币模型进一步引入可分的货币，拉近了模型与现实的距离。

早期的国际货币模型都对交易媒介进行了外生限制。第一代和第二代国际货币模型中的货币不可分，故匹配交易中的支付量只能是 1 单位货币。早期的第三代国际货币模型假设每个家庭成员不能同时持有多种货币，因此，匹配交易只能使用一种货币进行支付。在接下来的章节中，我们将基于拉各斯和莱特（2005）的研究，构建不对货币持有与货币支付方式进行外生限制的国际货币模型，从而对交易媒介的内生选择进行深入分析。

第4章

国际货币模型
——不对称信息

劳（Law，1705）、杰文斯（Jevons，1875）等早期学者指出，信息摩擦是理解资产货币性的一个重要思路。阿尔钦（Alchian，1977）甚至提出了有悖传统的观点："货币存在的根源不在于需求'双重巧合'的缺失，也不在于在市场中搜寻各种商品的潜在购买者和出售者的成本，或是记录保存问题，而是关于被交易商品特质的信息成本。"在此部分，我们将构建带有不对称信息的国际货币模型，消除对货币使用的外生约束，并探讨不对称信息对货币模式和均衡汇率的影响机制。

4.1 单一货币的基准模型

令 M_t 代表 t 期的货币总量，$\gamma_t \equiv M_{t+1}/M_t$ 代表货币总量增长率，ϕ_t 代表以 CM 阶段商品表示的货币真实价值。政府在 CM 阶段初始通过对购买者的一次性货币转移/税收改变货币总量，因此，t 期的货币总量在 DM 阶段为 M_t，在 CM 阶段为 M_{t+1}，γ_t 的值在 CM 阶段成为公共信息。

货币增长率 γ_t 的取值是随机的：以 $\alpha \in (0,1)$ 的概率货币增长率较高，$\gamma_t = \bar{\gamma}$；以 $1-\alpha$ 的概率货币增长率较低，$\gamma_t = \underline{\gamma}$。我们将关注货币真实价值在 CM 阶段固定不变的稳态均衡，即 $\phi_t M_{t+1} = \phi_{t-1} M_t \equiv Z$。因此，$\phi_t = \phi_{t-1}/\gamma_t$，持有货币的预期收益为 $E_{t-1}[\phi_t/\phi_{t-1}] = (1-\alpha)/\underline{\gamma} + \alpha/\bar{\gamma}$。在 t 期 DM 阶段的交易中，买卖双方知道当前的货币总量 M_t 和上期的货币真实价值 ϕ_{t-1}，但买卖双方还需要知道当前的货币真实价值 ϕ_t 才能进行议价交易。这一信息将在随后的 CM 阶段成为公共信息，但某些市场参与者可能会提前得到相关信息。

令 W^b 和 V^b 分别代表购买者在 CM 阶段和 DM 阶段的值函数，购买者在 $t-1$ 期 CM 阶段面临的最优化问题可表示为

$$W^b(m\phi_{t-1}) = \max_{x,l,m'\geqslant 0} x - l + \beta V^b(m'\phi_{t-1})$$

$$\text{s.t.}\quad x + \phi_{t-1}m' = l + \phi_{t-1}m$$

将预算约束代入目标函数可得

$$W^b(m\phi_{t-1}) = \phi_{t-1}m + \max_{m'\geqslant 0}[-\phi_{t-1}m' + \beta V^b(m'\phi_{t-1})] = \phi_{t-1}m + W^b(0)$$

故购买者最优的货币持有量 m' 与当前的货币持有量 m 无关。购买者在 t 期 DM 阶段面临的最优化问题为

$$V^b(m\phi_{t-1}) = E_t\left\{u(q_t) + W^b\left((m-d_t)\frac{\phi_{t-1}}{\gamma_t} + \frac{(\gamma_t-1)}{\gamma_t}Z\right)\right\}$$

$$= E_t\left[u(q_t) + (m-d_t)\frac{\phi_{t-1}}{\gamma_t}\right] + E_t\left[\frac{(\gamma_t-1)}{\gamma_t}Z\right] + W^b(0)$$

在 DM 阶段初始，购买者需要对 γ_t 以及交易对手的信息集进行预期。其中，$\frac{\gamma_t-1}{\gamma_t}Z$ 代表政府在 CM 阶段的一次性货币转移，d_t 代表交易中的货

币支付量。由此，购买者的货币持有量选择问题可表达为

$$\max_{m \geqslant 0}\left\{-\phi_{t-1} m+\beta E_{t}\left[u(q_{t})+(m-d_{t}) \frac{\phi_{t-1}}{\gamma_{t}}\right]\right\}$$

4.1.1　对称信息下的均衡

我们首先分析买卖双方在 DM 阶段具有对称信息的情形，作为分析的基准。具体而言，买卖双方在 DM 阶段可能都不知道本期的货币增长率，也可能都知道本期的货币增长率。

假设交易双方都要等到 CM 阶段才能知道 γ_t 的取值，他们在 DM 阶段根据对 ϕ_t 的期望 $\phi_t^e=E_t(\phi_{t-1}/\gamma_t)=[(1-\alpha)/\underline{\gamma}+\alpha/\bar{\gamma}]\phi_{t-1}$来确定贸易条件。假设议价规则为购买者提出“接受或离开”的报价，那么 $c(q_t)=\phi_t^e d$，购买者可获得所有的交易剩余而出售者的交易剩余为 0。于是，购买者货币持有量的最优化问题可写作

$$\max_{m \geqslant 0}-\phi_{t-1} m+\beta\{\sigma[u(q_{t})-c(q_{t})]+\phi_{t}^{e} m\}$$

其中，$c(q_t)=\min[c(q^*),\phi_t^e m]$。在 $t-1$ 期，购买者花费 $\phi_{t-1}m$ 来累积 m 单位的货币。在 t 期，购买者将获得预期的交易剩余 $\sigma[u(q_t)-c(q_t)]$，并以 ϕ_t^e 的预期价格在 CM 阶段用货币换取一般商品。令

$$i=\frac{1}{\beta[(1-\alpha)/\underline{\gamma}+\alpha/\bar{\gamma}]}-1$$

代表名义利率，则购买者货币持有量的最优化问题可重新写作：

$$\max_{q_{t} \in[0, q^{*}]}\{-i_{t} c(q_{t})+\sigma[u(q_{t})-c(q_{t})]\}$$

最优化问题的一阶条件是

$$\frac{u'(q_{t})}{c'(q_{t})}=1+\frac{i}{\sigma}$$

因此，存在恒定的唯一解 $q_t = q$。若 $(1-\alpha)/\underline{\gamma} + \alpha/\bar{\gamma} = 1/\beta$，则 $i = 0$，$q_t = q^*$，即当货币的预期持有收益与时间偏好相等时，DM 阶段交易将达到福利最优的产量 q^*。因此，很多 $\underline{\gamma}$ 和 $\bar{\gamma}$ 的组合都可实现弗里德曼准则，货币增长率的不确定性无损于 DM 阶段的福利效应。

假设货币当局在 DM 阶段初始宣布本期 γ_t 的取值，则交易双方在议价时都知道这一信息。若货币当局宣布 $\gamma_t = \underline{\gamma}$，则 $q_H = c^{-1}\left\{\min\left[\frac{\phi_{t-1}}{\underline{\gamma}}m_t, c(q^*)\right]\right\}$。若货币当局宣布 $\gamma_t = \bar{\gamma}$，则 $q_L = c^{-1}\left\{\min\left[\frac{\phi_{t-1}}{\bar{\gamma}}m_t, c(q^*)\right]\right\}$。在通胀率低、货币真实价值高的情况下，购买者将消费更多的 DM 阶段商品。此时，购买者在 $t-1$ 期决定货币持有量时并不知道下一期 γ_t 的取值，因此，其最优化问题为

$$\max_{m\geqslant 0} -\phi_{t-1}m + \beta\sigma(1-\alpha)\{u[q_H(m)] - c[q_H(m)]\} + \beta\sigma\alpha\{u[q_L(m)] - c[q_L(m)]\} + \beta\phi_t^e m$$

令 $\hat{\iota} \equiv 1/\beta - [(1-\alpha)\underline{\gamma} + \alpha/\bar{\gamma}]$，则一阶条件可表示为

$$\frac{\hat{\iota}}{\sigma} = \left[\frac{u'(q_H)}{c'(q_H)} - 1\right]\frac{1-\alpha}{\underline{\gamma}} + \left[\frac{u'(q_L)}{c'(q_L)} - 1\right]\frac{\alpha}{\bar{\gamma}}$$

若 $(1-\alpha)/\underline{\gamma} + \alpha/\bar{\gamma} = 1/\beta$，则 $i = \hat{\iota} = 0$，$q_L = q_H = q^*$，此时，弗里德曼准则使得购买者在所有状态下都能获得福利最优的产量 q^*。在此情况下，货币增长率的不确定性同样无损于 DM 阶段的福利效应。

4.1.2 不对称信息下的均衡

假设购买者在 DM 阶段初始会收到关于货币增长率的私人信号 $\chi \in \{L, H\}$。若 $\chi = L$，则购买者得知 $\phi_t = \phi_L = \phi_{t-1}/\bar{\gamma}$，通胀率较高而货币真

实价值较低，他们被称为 L 类型购买者。若$\chi = H$，则购买者得知 $\phi_t = \phi_H = \phi_{t-1}/\underline{\gamma}$，通胀率较低而货币真实价值较高，他们被称为 H 类型购买者。出售者将在接下来的 CM 阶段得知 γ_t 的取值。[①]

考虑持有 m 单位货币的购买者和不持有货币的出售者在 t 期 DM 阶段的匹配交易。假设购买者和出售者在信息不对称的情形下采取信号博弈的形式进行议价。买卖双方的博弈过程如图 4.1 所示。购买者的策略是组合$(q,d) \in R_+ \times [0,m]$，其中，$q$ 代表出售者在 DM 阶段的产量，d 代表购买者向出售者支付的货币量。出售者的策略是可接受报价的集合$\mathcal{A} \subseteq R_+ \times [0,m]$。

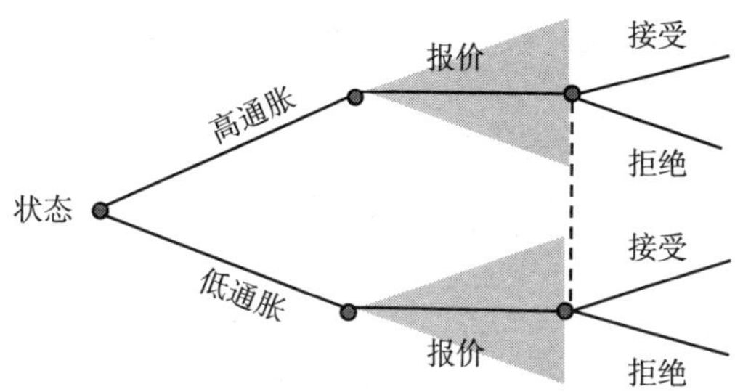

图 4.1　不对称信息下议价过程的博弈树

购买者的收益为$[u(q) - \phi d]\mathbb{1}_{\mathcal{A}}(q,d)$。当$(q,d) \in \mathcal{A}$时，指示函数$\mathbb{1}_{\mathcal{A}}(q,d)$取值为1，当$(q,d) \notin \mathcal{A}$时，$\mathbb{1}_{\mathcal{A}}(q,d)$取值为0。若报价$(q,d)$被接受，则购买者的收益为产量 q 带来的效用减去货币支付量 d 的真实价值，出售者的收益为货币支付量的真实价值减去生产成本 $-c(q) + \phi d$。出售者利用报价(q,d)传达出的信息，对其关于货币增长率的先验信念进行更新。更新后，出售者认为货币价值状态以 $\lambda(q,d) \in [0,1]$的概率为 H，以 $1 - \lambda(q,d)$的概率为 L。

---

① 圭列里等（Guerrieri et al.，2010）、巴贾杰（Bajaj，2018）、崔（Choi，2018）、麦迪逊（Madison，2019）、王（2020）等也在新货币主义框架中研究了逆向选择问题。

对于给定的信念系统 $\lambda(q,d)$，出售者的可接受报价集合为

$$\mathcal{A}(\lambda)=\{(q,d)\in R_{+}\times[0,m]:-c(q)+\{\lambda(q,d)\phi_{H}+[1-\lambda(q,d)]\phi_{L}\}d\geqslant 0\}$$

若报价(q,d)使得出售者的生产成本不超过支付货币的预期真实价值，则出售者愿意接受此报价。购买者将出售者的策略视为给定，选择使得预期剩余最大化的报价。因此，购买者的议价博弈可表示为$\max_{q,d\leqslant m}[u(q)-\phi d]\mathbb{I}_{A}(q,d),\phi\in\phi_{L},\phi_{H}$。

若(q,d)是均衡报价，则信念的更新应满足贝叶斯法则（Bayes'rule）；若(q,d)是非均衡报价，则 $\lambda(q,d)$ 原则上可以是任意信念。为了得到更加精练的均衡，我们要求均衡报价需满足丘和克雷普斯（Cho and Kreps，1987）的直觉准则。[①] 令 U_{χ}^{b}代表χ 类型购买者在报价(q,d)下获得的剩余，$\chi\in\{L,H\}$。若存在另一均衡外报价$(\tilde{q},\tilde{d})$使得

$$u(\tilde{q})-\phi_{H}\tilde{d}>U_{H}^{b}$$

$$u(\tilde{q})-\phi_{L}\tilde{d}<U_{L}^{b}$$

$$-c(\tilde{q})+\phi_{H}\tilde{d}\geqslant 0$$

则(q,d)不满足直觉准则，故它不可能是均衡报价。在上述不等式条件中，若报价$(\tilde{q},\tilde{d})$被出售者接受，则$(\tilde{q},\tilde{d})$将提高 H 类型购买者的收益，但降低 L 类型购买者的收益。因此，L 类型购买者没有提出报价$(\tilde{q},\tilde{d})$的动机，出售者应将其归结为 H 类型购买者所做出的报价。

我们首先论证汇集报价不可能是均衡。假设 H 类型和 L 类型购买者向出售者提出相同的报价$(\bar{q},\bar{d})\neq(0,0)$，且出售者愿意接受这一报价。

① 直觉准则是信号理论文献中常见的均衡提炼方法。科尔伯格和默滕斯（Kohlberg and Mertens，1986）指出，不满足直觉准则的均衡将带来战略性不稳定的结果。直觉准则已被诺塞尔和华莱士（2007）应用于货币理论，被德马尔佐和达菲（DeMarzo and Duffie，1999）应用于公司金融理论，被鲁宾斯坦（1985）应用于议价理论。在此模型中，当我们把议价博弈嵌入一般均衡模型后，直觉准则还有助于保持模型的可操作性。

这一报价为两类购买者带来的剩余分别为 $U_H^b \equiv u(\bar{q}) - \phi_H \bar{d}$ 和 $U_L^b \equiv u(\bar{q}) - \phi_L \bar{d}$。图4.2绘制了报价$(\bar{q}, \bar{d})$的等收益曲线。由于 $\phi_H > \phi_L$，曲线 U_L^b 比曲线 U_H^b 更加陡峭。曲线左方的区域内购买者收益更低，曲线右方的区域内购买者的收益更高。图4.2中的 U_H^S 代表当出售者认为交易对手是H类型购买者时的参与约束，即(q,d)：$-c(q)+\phi_H d=0$。购买者愿意在 $\lambda(\bar{q}, \bar{d})<1$ 的情形下接受汇集报价$(\bar{q}, \bar{d})$，因此，该报价位于曲线 U_H^S 上方。图中的阴影部分对应的报价$(\tilde{q}, \tilde{d})$会使得H类型购买者的收益更高，L类型购买者的收益更低，且认为交易对手是H类型购买者的出售者愿意接受此报价。因此，$(\tilde{q}, \tilde{d})$违背了直觉约束，H类型购买者可通过报价$(\tilde{q}, \tilde{d})$提高自身收益。

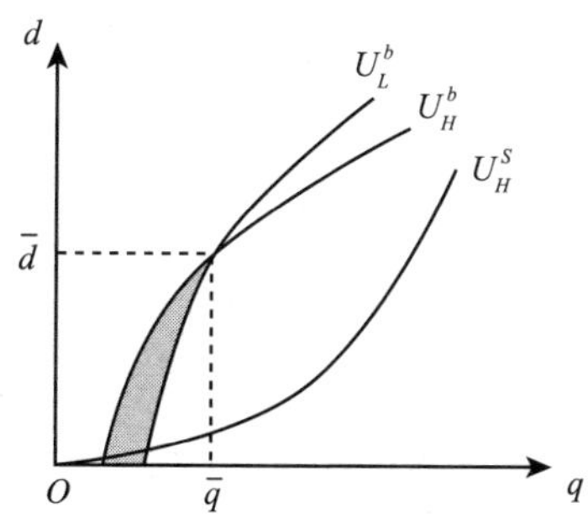

图4.2　汇集报价

资料来源：Rocheteau G，Nosal E. Money，payments，and liquidity［M］. Cambridge：MIT Press，2017.

于是，均衡报价必定是分离的，即H类型和L类型购买者提出不同的报价。此时，出售者可依据购买者的报价得知其类型，从而知晓支付货币的真实价值。在分离均衡中，无论出售者的信念如何，他们都愿意接受L类型购买者的完全信息均衡。若L类型购买者希望通过另一报价获得高于完全信息均衡的福利，那么此报价必定与H类型购买者的报价是汇集的，但汇集报价已在前面的分析中被排除。因此，L类型购买者的报价为

$$U_L^b = \max_{q,d\leqslant m}[u(q) - \phi_L d]$$
$$\text{s. t.} \quad -c(q) + \phi_L d \geqslant 0$$

此最优化问题的解为 $q_L = \min[q^*, c^{-1}(\phi_L m)]$，$d_L = \min\left[\frac{c(q^*)}{\phi_L}, m\right]$。若 L 类型购买者的货币持有量足够大，则 L 类型购买者的交易量是有效的，此时，$q_L = q^*$。若 L 类型购买者的货币持有量低于最优产量 q^* 的生产成本，则 L 类型购买者没有足够的支付方式来购买 q^*，此时，$q_L < q^*$。

令 (q_H, d_H) 代表分离均衡中 H 类型购买者的交易量。对于 L 类型的购买者来说，报价 (q_H, d_H) 不会使他们的收益高于完全信息报价的收益。因此，(q_H, d_H) 是以下最优化问题的解：

$$U_H^b = \max_{q,d\leqslant m}[u(q) - \phi_H d]$$
$$\text{s. t.} \quad -c(q) + \phi_H d \geqslant 0$$
$$u(q) - \phi_L d \leqslant U_L^b = u(q_L) - c(q_L)$$

第一个约束是出售者的参与约束，当出售者认为购买者为 H 类型时，他愿意接受此报价。第二个约束是激励相容约束，提出报价 (q_H, d_H) 而非 (q_L, d_L) 并不能提高 L 类型购买者的收益，因此，他没有模仿 H 类型购买者的动机。此最优化问题意味着，不存在其他能够提高 H 类型购买者的收益，但不能提高 L 类型购买者的收益，且购买者愿意接受的报价。因此，最优化问题的解 (q_H, d_H) 满足直觉准则。与均衡报价相一致的信念体系将所有违反激励相容约束的报价归结为 L 类型购买者的报价，将所有其他报价归结为 H 类型购买者的报价。在所有分离均衡中，满足直觉准则的均衡是帕累托有效的均衡。

假设在均衡中，激励相容约束是松的。于是，(q_H, d_H) 是 H 类型购买者的完全信息报价，参与约束是紧的。对于给定的货币持有量 m，H 类型完全信息报价带来的产出是 $\min[q^*, c^{-1}(\phi_H m)]$，因此，H 类型完全信息

报价带来的收益高于L类型完全信息报价代理的收益。由此可得

$$u(q_H)-\phi_L d_H=u(q_H)-c(q_H)+(\phi_H-\phi_L)d_H>U_L^b$$

L类型购买者可以模仿H类型购买者的报价(q_H,d_H)来提高自身收益，而这违反了激励相容约束。因此，激励相容约束一定是紧的。假设在均衡中，参与约束是松的，此时H类型购买者的最优化问题变为$U_H^b=\max\limits_{d\leqslant m}(\phi_L-\phi_H)d+U_L^b$。最优化问题的解为$d_H=0, U_H^b=U_L^b>0$，因此，$q_H>0$。但这违反了出售者的参与约束，因此，参与约束也一定是紧的。

根据以上分析，参与约束与激励相容约束在均衡中都是紧的。因此，最优化问题的解满足：

$$u(q_H)-c(q_H)\frac{\phi_L}{\phi_H}=u(q_L)-c(q_L),\ d_H=[u(q_H)-U_L^b]/\phi_L$$

H类型购买者的最优收益为

$$U_H^b=u(q_H)-\phi_H d_H=U_L^b\frac{\phi_H}{\phi_L}-\left(\frac{\phi_H}{\phi_L}-1\right)u(q_H)$$

它随q_H而递减。

等式$u(q_H)-c(q_H)\dfrac{\phi_L}{\phi_H}=u(q_L)-c(q_L)$确定了$q_H$在区间$(0,q_L)$内的唯一解。当$q_H=0$时，等式左侧小于右侧；当$q_H=q_L$时，等式左侧大于右侧。此外，对于任意$q_H\leqslant q^*$，等式左侧随$q_H$递增。因此，等式存在唯一解$q_H\in(0,q_L)$，这意味着$c(q_H)=\phi_H d_H<c(q_L)=\phi_L d_L$，故$d_H<d_L\leqslant m$。H类型购买者需要通过报价将自身与L类型购买者进行区分，他们将留存部分货币持有量来释放其高价值的信号，这使得他们在DM阶段的消费量有所降低，货币流动性也更低。若通胀率较高，法定货币价值较低，此时购买者无须释放信号，因此，他们将全部货币持有量用于DM阶段的支付。q_H取决于货币真实价值在不同状态下的差异，以及高通胀状态下的交易量q_L。在$\phi_H=\phi_L$的特殊情形下，q_H与q_L相等。当$\phi_L\to 0$时，

q_H 与 q_L 都趋向于 0。当信息不对称过于严重时，交易将不会发生。

根据上述分析，购买者在 $t-1$ 期 CM 阶段的货币持有量选择问题可重新表达为

$$\max_{m\geqslant 0} -\phi_{t-1}m+\beta\sigma\alpha\left[u(q_L)+(m-d_L)\frac{\phi_{t-1}}{\bar{\gamma}}\right]+$$

$$\beta\sigma(1-\alpha)\left[u(q_H)+(m-d_H)\frac{\phi_{t-1}}{\underline{\gamma}}\right]$$

利用 $d_L\phi_{t-1}/\bar{\gamma}=c(q_L)$，$d_H\phi_{t-1}/\underline{\gamma}=c(q_H)$，$\phi_t^e=[(1-\alpha)/\underline{\gamma}+\alpha/\bar{\gamma}]\phi_{t-1}$ 的结果，此最优化问题可变形为

$$\max_{m\geqslant 0} -\phi_{t-1}m+\beta\sigma\{\alpha[u(q_L)-c(q_L)]+(1-\alpha)[u(q_H)-c(q_H)]\}+\beta\phi_t^e m$$

其中，q_L 和 q_H 满足：$q_L=\min\left[q^*,c^{-1}\left(\frac{\phi_{t-1}}{\bar{\gamma}}m\right)\right]$，$u(q_H)-c(q_H)\underline{\gamma}/\bar{\gamma}=u(q_L)-c(q_L)$。购买者在 $t-1$ 期 CM 阶段积累 $\phi_{t-1}m$ 的真实货币量。在 t 期 DM 阶段，以 α 的概率货币真实价值较低，购买者消费 q_L；以 $(1-\alpha)$ 的概率货币真实价值较高，购买者消费 q_H。在 t 期 CM 阶段，购买者将剩余货币以 ϕ_t^e 的预期价格卖出。

由于持有货币伴随着成本 $\hat{\iota}$，因此，购买者的货币持有量不会超过在高通胀状态下购买产量 q_L 的需求，即 $\phi_{t-1}m=\bar{\gamma}c(q_L)$。又由于 $q_H<q_L$，故最优化问题可进一步变形为

$$\max_{q_L\in[0,q^*]} -\hat{\iota}\bar{\gamma}c(q_L)+\sigma\{\alpha[u(q_L)-c(q_L)]+(1-\alpha)[u(q_H)-c(q_H)]\}$$

令 $S_H=u(q_H)-c(q_H)$ 和 $S_L=u(q_L)-c(q_L)$ 分别代表 H 类型和 L 类型购买者在 DM 阶段的剩余。在高通胀状态下，$\frac{\mathrm{d}S_L}{\mathrm{d}q_L}=u'(q_L)-c'(q_L)\geqslant 0$，即额外 1 单位商品带来的价值等于边际的匹配剩余。在低通胀状态下，

$$\frac{\mathrm{d}S_H}{\mathrm{d}q_L}=[u'(q_H)-c'(q_H)]\frac{\mathrm{d}q_H}{\mathrm{d}q_L}=\left[\frac{u'(q_H)-c'(q_H)}{u'(q_H)-c'(q_H)\underline{\gamma}/\bar{\gamma}}\right][u'(q_L)-c'(q_L)]\geqslant 0$$

额外1单位高通胀状态下的商品将放松激励相容约束，使得购买者能够在低通胀状态下消费更多，带来剩余的边际增加。S_H 和 S_L 都是 q_L 的增函数，且在 $q_L<q^*$ 的情形下为严格递增。进一步计算二阶导数，根据函数 $u(\cdot)$ 和 $c(\cdot)$ 的性质可知，该目标函数是关于 q_L 的凹函数。因此，一阶条件为

$$\hat{\iota}=\sigma\left\{(1-\alpha)\left[\frac{u'(q_H)-c'(q_H)}{\bar{\gamma}\,u'(q_H)-\underline{\gamma}c'(q_H)}\right]+\frac{\alpha}{\bar{\gamma}}\right\}\left[\frac{u'(q_L)}{c'(q_L)}-1\right]$$

其是均衡求解的充要条件。在均衡中，货币持有成本 $\hat{\iota}$（等式左侧）与货币在DM阶段的边际收益（等式右侧）相等。随着 q_L 从0上升至 q^*，等式右侧从 $+\infty$ 下降至0，因此，该等式存在唯一解。货币市场出清意味着 $m=M_t$，故 $\phi_{t-1}=\bar{\gamma}\,c(q_L)/M_t$。

由于货币持有量的真实价值 $\phi_{t-1}m$ 与 q_L 之间存在一一对应关系，我们也可将 $\frac{\mathrm{d}S_L}{\mathrm{d}q_L}$ 和 $\frac{\mathrm{d}S_H}{\mathrm{d}q_L}$ 理解为真实货币余额在两种状态下的流动性价值。由于，

$$\frac{\mathrm{d}S_H}{\mathrm{d}q_L}=\left[\frac{u'(q_H)-c'(q_H)}{u'(q_H)-c'(q_H)\underline{\gamma}/\bar{\gamma}}\right]\frac{\mathrm{d}S_L}{\mathrm{d}q_L}$$

故 $\frac{\mathrm{d}S_H}{\mathrm{d}q_L}\leqslant\frac{\mathrm{d}S_L}{\mathrm{d}q_L}$（当 $q_L<q^*$ 时，不等号严格成立），即低通胀状态下真实货币余额的边际价值小于其在高通胀状态下的边际价值。

4.2 两国模型

我们在4.1节探讨了不对称信息对于货币均衡下产量和福利的影响。

本节基于王（Wang，2023）的研究，将不对称信息下的货币搜寻模型拓展至两国两货币的框架，剖析货币政策不确定性对国际货币模式以及均衡汇率的影响。

4.2.1 模型设定

模型由两个国家 A 和国家 B 构成。其中，国家 A 包含连续测度为 2 的人口，国家 B 包含连续测度为 $2N$ 的人口，因此，N 衡量了两个国家的相对大小。每个国家的人口被平均分为出售者和购买者。由于生产要素不易移动，假设出售者只能留在其母国，而购买者可以自由跨越国境，进行进出口贸易。每一期被分为 DM 阶段和 CM 阶段两个阶段。出售者和购买者进行的去中心化交易发生在 DM 阶段，这对应着主流开放经济模型中的非贸易品部门；中心化交易和货币兑换发生在 CM 阶段，也可理解为贸易品部门。

在 DM 阶段期初，出售者和购买者被一一配对。其中，每个 $j(j=A, B)$ 国的购买者以 σ_F^j 的概率与外国出售者进行匹配，以 $1-\sigma_F^j$ 的概率与本国出售者进行匹配。我们不失一般性地假设购买者留在母国的概率更高，因此，$0\leqslant\sigma_F^j\leqslant 1/2$。参数 σ_F^j 刻画了一国的经济开放程度，σ_F^j 的值越大意味着 j 国的开放程度越高。当 $\sigma_F^A=\sigma_F^B=1/2$ 时，购买者留在母国和出国的概率相等，两国经济完全一体化；当 $\sigma_F^A=\sigma_F^B=0$ 时，购买者只留在母国，两国经济完全隔离。

令 $\mathcal{B}^j$ 和 $\mathcal{S}^j$ 分别代表 j 国内购买者和出售者的测度，则 j 国在 DM 阶段的贸易匹配数量由匹配函数 $\mathcal{M}^j\equiv\mathcal{M}(\mathcal{B}^j, \mathcal{S}^j)=\dfrac{\mathcal{B}^j\mathcal{S}^j}{\mathcal{B}^j+\mathcal{S}^j}$ 确定。对于 A 国，$\mathcal{S}^A=1$，$\mathcal{B}^A=1-\sigma_F^A+N\sigma_F^B$。对于 B 国，$\mathcal{S}^B=N$，$\mathcal{B}^B=N(1-\sigma_F^B)+\sigma_F^A$。

在 j 国内，购买者与出售者成功匹配的概率为$\mathcal{M}^j/\mathcal{B}^j$。令 μ^{ij}代表 i 国购买者与 j 国出售者成功配对的概率。μ^{ij}的取值如表 4.1 所示。①

表 4.1　　配对概率

	A 国出售者	B 国出售者
A 国购买者	$\mu^{AA}=(1-\sigma_F^A)\dfrac{\mathcal{M}^A}{\mathcal{B}^A}$	$\mu^{AB}=\sigma_F^A\dfrac{\mathcal{M}^B}{\mathcal{B}^B}$
B 国购买者	$\mu^{BA}=\sigma_F^B\dfrac{\mathcal{M}^A}{\mathcal{B}^A}$	$\mu^{BB}=(1-\sigma_F^B)\dfrac{\mathcal{M}^B}{\mathcal{B}^B}$

在 DM 阶段，出售者可以生产特殊商品但不愿消费，购买者希望消费特殊商品，但不能生产。在 CM 阶段，所有的经济主体都可以生产并消费一种共同的一般性商品。特殊商品和一般性商品均不可保存至下一期。假设购买者和出售者的单期效用函数分别为

$$\mathcal{U}^B=u(q)+x-n$$

$$\mathcal{U}^s=-c(q)+x-n$$

其中，x 代表 CM 阶段所消费的一般性商品的数量，n 代表 CM 阶段提供劳动力的效用损失，q 代表 DM 阶段生产和消费的特殊商品的数量。效用函数 $u(\cdot)$和成本函数 $c(\cdot)$满足标准条件。最优的特殊商品数量为 $q^*=\operatorname{argmax}_q[u(q)-c(q)]$。假设经济主体缺乏信用，他们的支付历史均为私人信息，因此，需要一定的交易媒介才能完成 DM 阶段的交易。

每个国家各自发行可保存的且完全可分的货币。在 DM 阶段，假设经济主体可以自由选择货币进行支付。令 ϕ_t^j 代表在第 t 期以一般性商品所

---

① 贝伦森等（Berentsen et al.，2007）采用了一般形式的匹配函数。此模型采用的匹配函数形式满足贝伦森等（2007）中所要求的性质。

表示的货币 j 的价值。我们可将货币 A 与货币 B 之间的名义汇率定义为 $e_t = \phi_t^B / \phi_t^A$。在 CM 阶段，经济主体可通过一般性商品的交易调整其货币持有量，因此，CM 阶段同样也具有外汇交易市场的作用。

假设 j 国在 t 期初的货币总量为 M_t^j，货币总量增长率为 $\gamma_t^j = M_{t+1}^j M_t^j$。假设 γ_t^j 是跨期独立同分布的（i. i. d. ），其概率分布为①

$$\gamma_t^j = \begin{cases} \gamma_H^j & \text{以 } \pi_H^j \text{ 的概率} \\ \gamma_L^j & \text{以 } \pi_L^j \text{ 的概率} \end{cases}, \quad j = A, B$$

其中，$0 < \gamma_L^j < \gamma_L^j$，$\pi_H^j + \pi_L^j = 1$。定义平均货币增长率 $\bar{\gamma}^j$ 为

$$\bar{\gamma}^j = \left(\frac{\pi_H^j}{\gamma_H^j} + \frac{\pi_L^j}{\gamma_L^j} \right)^{-1}$$

其中，γ_t^j 的取值在 t 期初的 DM 阶段确定，j 国货币总量的变化将通过对 j 国购买者在 CM 阶段的一次性货币转移或税收来实现。γ_t^A 和 γ_t^B 的分布为公共信息，但只有购买者才知道它们的具体取值，原因在于购买者可以自由跨越国境，并可以同时持有两种货币。而出售者仅能留在母国，且在均衡中不跨期持有货币，故假设 j 国出售者在 DM 阶段仅知晓本国货币总量的增长率。② 因此，在 DM 阶段的配对交易中存在着信息不对称。在随后的 CM 阶段，随着一次性货币转移或税收的发生，γ_t^A 和 γ_t^B 的具体取值被所有人所知晓，信息不对称问题得以解决。图 4. 3 总结了本模型的市场结构和时间设定。

---

① 此概率分布并非模型的关键，只是一个简化假设。只要 γ_t^A 和 γ_t^B 非完全相关，即在 DM 阶段存在着一定的关于外国货币供给增长率的不对称信息，模型的关键机制和结论依然成立。

② 在现实中，人民币/美元的持有者知道一单位人民币/美元可购买的以人民币/美元计价的商品和服务的总量。我们在模型中相对应地假设出售者知道他们在 CM 阶段用本国货币可以购买的一般性商品的总量，这意味着模型中的出售者知晓本期本国货币真实价值，即本国货币供给的增长率。

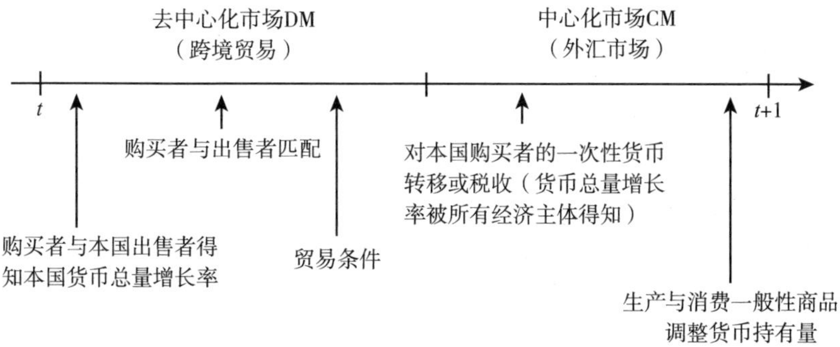

图 4.3 模型的时间线与市场结构

资料来源：Wang C. A model of international currency with private information [J]. Journal of International Money and Finance, 2023, 131: 102809.

在接下来的分析中，我们将考察稳态均衡。在稳态均衡中，由一般性商品所衡量的货币供给的真实价值将保持恒定不变，即 $\phi_t^j M_{t+1}^j = Z^j$。其中，ϕ_t^j 和 M_{t+1}^j 分别代表在 t 期 CM 阶段的一次性转移支付完成后，j 货币的真实价值和货币总量。据此，$\gamma_t^j = M_{t+1}^j / M_t^j = \phi_{t-1}^j / \phi_t^j$，货币供给增长率 γ_t^j 亦是 j 国的通胀率。此外，

$$e_t = \frac{\phi_t^B}{\phi_t^A} = \frac{Z^B}{Z^A} \frac{M_{t+1}^A}{M_{t+1}^B}$$

因此，稳态均衡中货币 A 与货币 B 之间的名义汇率取决于两国的货币供给总量，以及两国货币的真实价值。由以上分析可知，外国通胀率的不确定性导致了名义汇率的不确定性，这对应着现实世界中企业和投资者所面临的汇率风险。

4.2.2 均衡推导

假设 j 国购买者在一次性货币转移后的货币持有量为 (m_t^a, m_t^b)，此

时，他的值函数可计为 $W^j(m_t^a\phi_t^A, m_t^b\phi_t^B)$。$j$ 国购买者在 CM 阶段需解决以下最优化问题：

$$W^j(m_t^a\phi_t^A, m_t^b\phi_t^B) = \max_{x,n,m_{t+1}^a\phi_t^A,m_{t+1}^b\phi_t^B} x - n + \beta E[V^j(m_{t+1}^a\phi_t^A, m_{t+1}^b\phi_t^B, \gamma_{t+1}^A, \gamma_{t+1}^B)]$$

$$\text{s. t. } x + m_{t+1}^a\phi_t^A + m_{t+1}^b\phi_t^B = n + m_t^a\phi_t^A + m_t^b\phi_t^B$$

其中，$V^j(m_{t+1}^a\phi_t^A, m_{t+1}^b\phi_t^B, \gamma_{t+1}^A, \gamma_{t+1}^B)$ 代表 j 国购买者在"$t+1$"期初的 DM 阶段的值函数，此时，他的货币持有量为 (m_{t+1}^a, m_{t+1}^b)，去中心化的配对交易尚未发生，而货币供给增长率的信息已为相关经济主体所得知。最优化问题中的期望来自下一期的货币供给增长率 $(\gamma_{t+1}^a, \gamma_{t+1}^b)$，购买者在 t 期依据它们的分布进行最优决策。

通过整理化简，可将 $x-n$ 消除，上述最优化问题变形为

$$\begin{aligned} W^j(m_t^a\phi_t^A, m_t^b\phi_t^B) &= m_t^a\phi_t^A + m_t^b\phi_t^B + \max_{m_{t+1}^a\phi_t^A,m_{t+1}^b\phi_t^B} - m_{t+1}^a\phi_t^A - \\ &\quad m_{t+1}^b\phi_t^B + \beta E[V^j(m_{t+1}^a\phi_t^A, m_{t+1}^b\phi_t^B, \gamma_{t+1}^A, \gamma_{t+1}^B)] \\ &= m_t^a\phi_t^A + m_t^b\phi_t^B + W^j(0,0) \end{aligned}$$

CM 阶段的值函数具有一些有用的性质。第一，$W^j(m_t^a\phi_t^A, m_t^b\phi_t^B)$ 关于总的真实余额 $m_t^a\phi_t^A + m_t^b\phi_t^B$ 是线性的。第二，由于这一线性的性质，最优的货币持有量 (m_{t+1}^a, m_{t+1}^b) 与当期的货币持有量 (m_t^a, m_t^b) 无关，因此，来自同一国家的所有购买者都会选择相同的货币持有额进入下一期的 DM 阶段。第三，只要持有货币伴随着成本，即 $\bar{\gamma}^j \geqslant \beta$，出售者在离开 CM 阶段时就不会持有任何货币。

在 DM 阶段的配对交易中，购买者与出售者之间对于货币的真实价值存在着信息不对称。假设购买者与出售者之间的议价采取罗什托（2011）研究中的信号博弈形式。具体来说，考虑一对购买者与出售者之间的议价，购买者的货币持有量为 (m_t^a, m_t^b)。不失一般性的，假设购买者来自 A

国，因此，γ_t^A 在购买者的信息集中，信息不对称在于B国的货币总量增长率 γ_t^B。假设议价的形式为，由购买者提出一个“接受或离开”的报价，因此，购买者将获得所有的贸易利得。

购买者的策略是报价 $(q,p_a,p_b)\in\mathcal{F}\equiv[0,\infty)\times[0,m_t^a]\times[0,m_t^b]$。其中，$q$ 是出售者所生产的特殊商品的量，p_a 和 p_b 是购买者向出售者支付的货币量。出售者的策略是在报价全集 $\mathcal{F}$ 选择愿意接受的子集 $\mathcal{A}\subseteq\mathcal{F}$。报价 (q,p_a,p_b) 给 j 国购买者带来的收益是

$$\{u(q)+W^j((m_t^a-p_a)\phi_t^A,(m_t^b-p_b)\phi_t^B)\}\mathbb{I}_{\mathcal{A}}(q,p_a,p_b)+$$
$$W^j(m_t^a\phi_t^A,m_t^b\phi_t^B)[1-\mathbb{I}_{\mathcal{A}}(q,p_a,p_b)]$$

其中，$\mathbb{I}_{\mathcal{A}}(q,p_a,p_b)$ 是一个指示函数，当出售者接受此报价时取值为1，否则为0。若出售者接受此报价，那么购买者将享受 $u(q)$ 的效用，并支付 p_a 单位的货币A和 p_b 单位的货币B。根据值函数 W^j 的线性特征，该收益可写为 $[u(q)-p_a\phi_t^A-p_b\phi_t^B]\mathbb{I}_{\mathcal{A}}(q,p_a,p_b)+W^j(m_t^a\phi_t^A,m_t^b\phi_t^B)$。因此，购买者的贸易利得为 $[u(q)-p_a\phi_t^A-p_b\phi_t^B]\mathbb{I}_{\mathcal{A}}(q,p_a,p_b)$。

报价 (q,p_a,p_b) 给出售者带来的收益是 $[-c(q)+p_a\phi_t^A+p_bE(\phi_t^B)]\mathbb{I}_{\mathcal{A}}(q,p_a,p_b)$。其中，出售者的期望 E 是依据报价形成的。令 $\lambda(q,p_a,p_b)\in(0,1)$ 代表该报价提出后出售者对于 $\gamma_t^B=\gamma_L^B$ 的更新后的信念，则

$$E(\phi_t^B)\equiv E_\lambda(\phi_t^B)=\lambda(q,p_a,p_b)\frac{\phi_{t-1}^B}{\gamma_L^B}+[1-\lambda(q,p_a,p_b)]\frac{\phi_{t-1}^B}{\gamma_H^B}$$

只要预期的贸易利得为非负，出售者就会便会接受此报价。因此，对于给定的信念体系 λ，出售者愿意接受的报价集合为

$$\mathcal{A}(\lambda)=\{(q,p_a,p_b)\in\mathcal{F}:-c(q)+p_a\phi_t^A+p_bE_\lambda(\phi_t^B)\geqslant 0\}$$

对于可接受的报价，出售者在DM阶段的生产成本 $-c(q)$ 需要被支付货币在CM阶段的预期价值 $p_a\phi_t^A+p_bE_\lambda(\phi_t^B)$ 所弥补。若出售者对于接受或

拒绝某一报价无差异，假定出售者愿意接受该报价。[①] 根据此平局决胜规则，购买者的最优化问题可表示为

$$\max_{q,p_a,p_b}\left[u(q)-p_a\phi_t^A-p_b\phi_t^B\right]\mathbb{1}_A(q,p_a,p_b)$$
$$\text{s. t. }\ (q,p_a,p_b)\in[0,\infty]\times[0,m_t^a]\times[0,m_t^b]$$

此处，我们使用的均衡概念是完美贝叶斯均衡（perfect Bayesian equilibrium，PBE）。议价博弈的均衡是出售者的策略、购买者的策略和信念体系 λ 所构成的组合。若(q,p_a,p_b)是均衡报价，那么 $\lambda(q,p_a,p_b)$将根据贝叶斯规则以及出售者的事前信念推导而来。模型对于均衡外的信念缺乏约束，因此，我们将使用丘和克雷普斯（1987）的直觉准则对均衡进行进一步提炼。对于某报价(q,p_a,p_b)，令 U_H 代表 $\gamma_t^B=\gamma_H^B$ 状态下的购买者剩余，U_L 代表 $\gamma_t^B=\gamma_L^B$ 状态下的购买者剩余。若存在另一均衡外报价$(\tilde{q},\widetilde{p_a},\widetilde{p_b})$以及通胀水平$\chi\in H,L$，使得以下条件成立，则报价$(q,p_a,p_b)$不满足直觉准则。

$$u(\tilde{q})-\widetilde{p_a}\phi_t^A-\widetilde{p_b}\frac{\phi_{t-1}^B}{\gamma_\chi^B}>U_\chi \tag{4.1}$$

$$u(\tilde{q})-\widetilde{p_a}\phi_t^A-\widetilde{p_b}\frac{\phi_{t-1}^B}{\gamma_{-\chi}^B}<U_{-\chi} \tag{4.2}$$

$$-c(\tilde{q})+\widetilde{p_a}\phi_t^A-\widetilde{p_b}\frac{\phi_{t-1}^B}{\gamma_\chi^B}\geqslant 0 \tag{4.3}$$

其中，$\{-\chi\}=\{L,H\}/\chi$。以上条件意味着，若均衡外报价$(\tilde{q},\widetilde{p_a},\widetilde{p_b})$被接受，则购买者剩余将在 $\gamma_t^B=\gamma_\chi^B$状态下增加，在 $\gamma_t^B=\gamma_{-\chi}^B$状态下降低。若出售者相信此时 $\gamma_t^B=\gamma_\chi^B$，那么出售者将愿意接受这一报价。

定义 4.1 议价博弈的均衡是出售者和购买者的策略，以及相应的信

---

① 鲁宾斯坦（1985）采用了类似的平局决胜规则。这一规则确保了可接受的报价集合是闭集，从而购买者的最优化问题有解。

念体系所构成的组合$\{[q(\gamma_t^B),p_a(\gamma_t^B),p_b(\gamma_t^B)],\mathcal{A},\lambda\}$。它们满足：（1）对于$\gamma_t^B\in\{\gamma_L^B,\gamma_H^B\}$，$[q(\gamma_t^B),p_a(\gamma_t^B),p_b(\gamma_t^B)]$是购买者最优化问题的解；（2）出售者的策略$\mathcal{A}(\lambda)=\{(q,p_a,p_b)\in\mathcal{F}:-c(q)+p_a\phi_t^A+p_bE_\lambda(\phi_t^B)\geqslant 0\}$；（3）信念体系$\lambda:\mathcal{F}\to[0,1]$满足贝叶斯规则和直觉准则。

我们将分三步推导出议价博弈的均衡。首先，我们将在引理4.1中将使用直觉准则来排除所有汇集的完美贝叶斯均衡。其次，我们将在引理4.2中证明，在所有的分离的完美贝叶斯均衡中，只有帕累托最优的均衡符合直觉准则。最后，我们将构建相应的信念体系并推导得到出售者对于报价的接受规则，对以上帕累托有效策略进行支撑。

引理4.1　不存在$p_b>0$的汇集均衡。

所有使用货币B进行支付的均衡都一定是分离的。假设存在一个$p_b>0$的汇集均衡。为留存额外1单位的货币B，当$\gamma_t^B=\gamma_H^B$时，购买者愿意放弃$\frac{\phi_{t-1}^B}{\gamma_H^B u'(q)}$单位的特殊商品，当$\gamma_t^B=\gamma_L^B$时，购买者愿意放弃$\frac{\phi_{t-1}^B}{\gamma_L^B u'(q)}$单位的特殊商品。在低通胀状态下的购买者可将货币B的支付量p_b减小$\epsilon>0$，同时将特殊商品的需求量q减小$\frac{\phi_{t-1}^B}{\gamma_H^B u'(q)}\epsilon$至$\frac{\phi_{t-1}^B}{\gamma_L^B u'(q)}\epsilon$之间的一个数量，以此方式向出售者释放货币B高价值的信号。这一新的报价将增加处于低通胀状态的购买者剩余，并减少处于高通胀状态的购买者剩余。因此，出售者会将这一新的报价归结为低通胀状态，并同意接受此报价。

引理4.2　（1）当$\gamma_t^B=\gamma_H^B$时，购买者的最优报价满足：

$$(q^H,p_a^H,p_b^H)\in\underset{q,p_a,p_b}{\arg\max}\left[-u(q)-p_a\phi_t^A-p_b\frac{\phi_{t-1}^B}{\gamma_H^B}\right]$$

$$\text{s. t.}\quad -c(q)+p_a\phi_t^A+p_b\frac{\phi_{t-1}^B}{\gamma_H^B}\geqslant 0 \tag{4.4}$$

$$0\leqslant p_a\leqslant m_t^a,0\leqslant p_b\leqslant m_t^b$$

（2）当 $\gamma_t^B=\gamma_L^B$ 时，购买者的最优报价满足：

$$(q^L,p_a^L,p_b^L)\in \arg\max_{q,p_a,p_b}\left[-u(q)-p_a\phi_t^A-p_b\frac{\phi_{t-1}^B}{\gamma_L^B}\right]$$

$$\text{s. t.}\quad -c(q)+p_a\phi_t^A+p_b\frac{\phi_{t-1}^B}{\gamma_L^B}\geqslant 0 \tag{4.5}$$

$$u(q)-p_a\phi_t^A-p_b\frac{\phi_{t-1}^B}{\gamma_H^B}\leqslant u(q^H)-c(q^H) \tag{4.6}$$

$$0\leqslant p_a\leqslant m_t^a,0\leqslant p_b\leqslant m_t^b$$

当 $\gamma_t^B=\gamma_H^B$ 时，购买者将做出完全信息的报价。若购买者希望获得高于此报价的收益，他只能提供一个 $p_b>0$ 的报价，使得出售者相信在该报价下低通胀状态的概率为正。但此类均衡已被引理4.1 排除。因此，购买者在高通胀状态会做出完全信息的报价。无论信念如何，出售者都愿意接受此报价。它具有以下性质：（1）若 $m_t^a\phi_t^A+m_t^b\frac{\phi_{t-1}^B}{\gamma_H^B}\geqslant c(q^*)$，则 $q^H=q^*,p_a\phi_t^A+p_b\frac{\phi_{t-1}^B}{\gamma_H^B}\geqslant c(q^*)$；（2）若 $m_t^a\phi_t^A+m_t^b\frac{\phi_{t-1}^B}{\gamma_H^B}<c(q^*)$，则 $p_a=m_t^a$，$p_b=m_t^b$，$q^H=c^{-1}\left(m_t^a\phi_t^A+m_t^b\frac{\phi_{t-1}^B}{\gamma_H^B}\right)$。若购买者所持货币的真实价值足够高，那么特殊商品的产量将达到福利最优水平 q^*。否则，购买者将支付所有的所持货币，使得特殊商品的产量尽量高。

当 $\gamma_t^B=\gamma_L^B$ 时，购买者的最优报价需要满足参与约束（4.5）和激励相容约束（4.6），且出售者的信念应正确地预期到经济体正处于低通胀状态。在以上条件被满足的前提下，购买者将选择使贸易利得最大化的报价。我们称此报价为最小成本分离报价。为证明这一结论，假设在某分离均衡中，低通胀状态下的购买者提出的报价并非引理4.2 中最优化问题的解。那么，此购买者可以提供另一个与最小成本分离报价足够近的报价，以提高他在低通胀状态下的收益并降低他在高通胀状态下的收益。根据直觉准则，这一报价可以被合理的信念体系所支撑。因此，低通胀状态下的最优报价一定是最小成本分离报价。

接下来，我们将构建与引理 4.2 中购买者最优报价相一致的信念体系，使出售者愿意接受的报价集合满足直觉准则。关于均衡报价的信念由贝叶斯规则确定。对于非均衡报价，若它能使购买者在高通胀状态下的收益超过完全信息报价下的收益，那么该报价将被归结为高通胀状态，所有其他的非均衡报价将被归结为低通胀状态。这一信念体系的构建方式确保了它一定满足贝叶斯规则和直觉准则。① 该信念体系可正式地表达为

$$\lambda(q,p_a,p_b)=0,\forall(q,p_a,p_b)\notin\mathcal{O}$$

$$\text{s. t.}\quad u(q)-p_a\phi_t^A-p_b\frac{\phi_{t-1}^B}{\gamma_H^B}>u(q^H)-c(q^H)$$

$$\lambda(q,p_a,p_b)=1,\forall(q,p_a,p_b)\notin\mathcal{O}$$

$$\text{s. t.}\quad u(q)-p_a\phi_t^A-p_b\frac{\phi_{t-1}^B}{\gamma_H^B}\leqslant u(q^H)-c(q^H)$$

其中，$\mathcal{O}$为均衡报价的集合。在这一信念体系下，出售者愿意接受的报价集合可表示为

$$\mathcal{A}=\Big\{(q,p_a,p_b)\in\mathcal{F}:u(q)-p_a\phi_t^A-p_b\frac{\phi_{t-1}^B}{\gamma_H^B}\leqslant u(q^H)-c(q^H)\text{且}-c(q)+p_a\phi_t^A+p_b\frac{\phi_{t-1}^B}{\gamma_L^B}\geqslant 0\Big\}$$

所有违反激励相容约束（4.6）的报价将被归结为高通胀状态。这些报价

① 这一信念体系并不唯一，但信念体系所带来的产出和收益水平是唯一确定的。

违反了高通胀状态下的参与约束（4.4），因此，它们将被出售者拒绝。除了(q^H, p_a^H, p_b^H)以外，所有其他满足激励相容约束（4.6）的报价将被归结为低通胀状态。为了使出售者愿意接受，低通胀状态下的参与约束（4.5）也必须得到满足。

定理 4.1（啄食顺序理论） 考虑 A 国出售者与某购买者的配对交易，该购买者在 t 期的货币持有量为(m_t^a, m_t^b)。此购买者在低通胀状态下的最优报价(q^L, p_a^L, p_b^L)具有如下性质。

（1）若 $m_t^a \phi_t^A \geqslant c(q^*)$，则 $q^L = q^*$，$p_a^L \phi_t^A + p_b^L \dfrac{\phi_{t-1}^B}{\gamma_L^B} = c(q^*)$，$p_b^L = 0$。

（2）若 $m_t^a \phi_t^A < c(q^*)$，则 $p_a^L = m_t^a$，且$(q^L, p_b^L) \in [0, q^H] \times [0, m_t^b]$是以下方程的唯一解：

$$p_b^L \frac{\phi_{t-1}^B}{\gamma_L^B} = c(q^L) - m_t^a \phi_t^A \tag{4.7}$$

$$u(q^L) - c(q^L) + \left(1 - \frac{\gamma_L^B}{\gamma_H^B}\right)[c(q^L) - m_t^a \phi_t^A] = u(q^H) - c(q^H) \tag{4.8}$$

其中，$q^H = \min\left[q^*, c^{-1}\left(m_t^a \phi_t^A + m_t^b \dfrac{\phi_{t-1}^B}{\gamma_H^B}\right)\right]$。此外，若 $m_t^b > 0$，则 $q^L < q^H$，$p_b^L \in (0, m_t^b)$。

定理 4.1 证明了支付方式的啄食顺序理论①。若外国货币的真实价值较低（外国的通胀率较高），那么在配对交易中不存在信息不对称，两种货币在支付中具有同等地位。若外国货币的真实价值较高（外国的通胀率较低），购买者将先使用出售者的本国货币进行支付，然后再使用出售者的外国货币作为最后的支付手段。因此，出售者的本国货币是首选的

① “啄食顺序”的概念最初是由迈尔斯（Myers，1984）提出的。他研究了带有信息不对称的资本结构选择问题。根据啄食顺序理论，具有投资的公司偏好内部融资。如果需要进行外部融资，公司将首先发行固定收益的债券，并将权益作为最后的融资手段。

支付方式。即使购买者所持的货币价值不足以购买最优产量 q^*，购买者也不会花光所有的外国货币。购买者将通过留存部分外国货币来释放其高价值的信号，以此来确保有利的贸易条件。[①]

我们也可以用买卖价差的概念来理解外国货币的低流动性。假设购买者所持的本国货币不足以购买福利最优的 q^*。我们将出售者在低通胀状态下为得到1单位外国货币所愿意生产的特殊产品的最大量$\frac{\phi_{t-1}^B}{\gamma_L^B c'(q^L)}$称为外国货币的卖出价，将购买者在高通胀状态下支付1单位外国货币所愿意接受的特殊产品的最小量$\frac{\phi_{t-1}^B}{\gamma_H^B u'(q^L)}$称为外国货币的买入价。若购买者支付的外国货币数量略小于 p_b^L，那么外国货币实际上是以卖出价转让给了出售者。若购买者支付的外国货币数量略高于 p_b^L，那么出售者所提供的特殊商品将不会超过买入价。事实上，当购买者提出的外国货币支付量高于 p_b^L 时，他将被出售者归结为高通胀状态，这一报价将会被拒绝。由于$\frac{\phi_{t-1}^B}{\gamma_H^B u'(q^L)}<\frac{\phi_{t-1}^B}{\gamma_L^B c'(q^L)}$，购买者将外国货币支付量提高至 p_b^L 以上后将面临着价格的急速下降。因此，尽管低通胀状态下购买者对特殊商品的消费量偏低，并且持有额外的外国货币，他们所支付的外国货币总量也不会超过 p_b^L。

啄食顺序理论的经济学直觉与格雷欣法则（Gresham's law）类似。格雷欣法则也称“劣币驱逐良币”规律，即当两种实际价值不同而名义价值相同的货币同时流通时，实际价值较高的货币，即良币，必然退出流

---

① 我们可将此模型进行拓展，引入周转货币C，例如美元。在DM阶段，购买者和出售者都不知道周转货币C的真实价值，因此，信息不对称问题只存在于货币B。由于购买者和出售者在CM阶段都是风险中性的，因此，购买者对于货币A和货币C是无差异的。这两种货币会在支付中首先被使用，货币B仍作为最后的支付手段。

通；而实际价值较低的货币，即劣币，则充斥市场。在此模型中，经济体中存在货币真实价值的不对称信息，人们将首先使用低价值的“劣币”并留存高价值的“良币”。购买者留存货币 B 的行为向市场释放了其高价值的信号。

定理 4.2（货币流通性与货币政策不确定性） 若 $m_t^a\phi_t^A < c(q^*)$ 且 $m_t^b > 0$，则，

$$\left.\frac{\mathrm{d}p_b^L}{\mathrm{d}\gamma_H^B}\right|_{\frac{\pi_H^B}{\gamma_H^B}+\frac{\pi_L^B}{\gamma_L^B}=\frac{1}{\bar{\gamma}^B}} < 0$$

若购买者同时持有两种货币，但只使用货币 A 不足以在低通胀状态达到福利最优的产出水平 q^*，那么货币 B 的使用量将随着 B 国通胀不确定性的升高而减小，即 B 国货币的流动性将随着通胀不确定性的升高而降低。为了使出售者能够区分高通胀状态和低通胀状态，购买者需承担一定的信号成本，该成本等于购买者在两种状态下的剩余之差 $p_b^L(\phi_{t-1}^B/\gamma_L^B - \phi_{t-1}^B/\gamma_H^B) > 0$。随着信息不对称程度的上升，激励相容约束变紧，剩余之差增加，从而提高了信号成本并降低了货币 B 的流动性。

定理 4.3（恶性通胀） 假设 $m_t^a\phi_t^A < c(q^*)$，$m_t^b > 0$。随着 $\gamma_H^B \to \infty$，$p_b^L \to 0$。

在 $\gamma_H^B \to \infty$ 的极端情形下，货币 B 在高通胀状态下价值降为 0。尽管平均通胀率 $\bar{\gamma}^B$ 仍在合理区间内，但此时信息不对称的程度过于严重，货币 B 无法再作为交易媒介，货币 A 成为高通胀和低通胀状态下唯一的支付手段。根据引理 4.1，议价博弈的均衡一定是分离的。否则，低通胀状态下的购买者可以通过均衡的偏离来释放低通胀状态的信号，并获得更高的收益。若货币 B 在高通胀状态下价值将为 0，那么高通胀状态下购买者将无法使用货币 B 进行支付。根据激励相容约束，低通胀状态下的购

买者也将无法使用货币 B 进行支付。

定理 4.4（货币构成）　若 $m_t^a \phi_t^A < c(q^*)$ 且 $m_t^b > 0$，则

$$\frac{\partial(p_b^L \phi_{t-1}^B / \gamma_L^B)}{\partial(m_t^a \phi_t^A)} = \frac{\frac{u'(q^H)}{c'(q^H)} - \frac{u'(q^L)}{c'(q^L)}}{\frac{u'(q^L)}{c'(q^L)} - \frac{\gamma_L^B}{\gamma_H^B}} < 0 \tag{4.9}$$

若 $m_t^a \phi_t^A + m_t^b \frac{\phi_{t-1}^B}{\gamma_H^B} < c(q^*)$，则

$$\frac{\partial p_b^L}{\partial m_t^b} = \frac{\frac{u'(q^H)}{c'(q^H)} - 1}{\frac{\gamma_H^B u'(q^L)}{\gamma_L^B c'(q^L)} - 1} \in (0,1)$$

当购买者持有更多的货币 A 时，其对货币 B 的使用量将下降。在低通胀状态，购买者可以用对信息不敏感的货币 A 替换对信息敏感的货币 B，从而降低信号成本，放松激励相容约束。此外，若购买者的货币持有量不足以在高通胀状态达到福利最优的产出水平 q^*，那么在低通胀状态下增加货币 B 持有量的边际收益将小于 1。假设购买者增加 1 单位的货币 B 持有量。在高通胀状态下，购买者的福利将有所增加；在低通胀状态下购买者可花费此额外持有量的一部分，以防止其他购买者模仿其行为。若购买者的货币持有量可以在高通胀状态达到福利最优的产出水平 q^*，那么 $q^H = q^*$，$\partial p_b^L / \partial m_t^b = 0$。此时，额外的货币 B 持有量不会影响低通胀状态下的激励相容约束和贸易条件。

接下来，我们推导 DM 阶段的均衡。假设一个货币持有量为 (m_t^a, m_t^b) 的购买者进入 DM 阶段，此时，两国的货币总量增长率还未确定，因此，未来有 4 个可能的状态：(γ_H^A, γ_H^B)，(γ_H^A, γ_L^B)，(γ_L^A, γ_H^B) 和 (γ_L^A, γ_L^B)。定义这 4 种状态的可能性为 $\pi_{ij} = \pi_i^A \pi_j^B$，则

$$
\begin{aligned}
&E[V^j(m_t^a\phi_{t-1}^A, m_t^b\phi_{t-1}^B, \gamma_t^A, \gamma_t^B)] \\
&= \pi_{HH}V^j(m_t^a\phi_{t-1}^A, m_t^b\phi_{t-1}^B, \gamma_H^A, \gamma_H^B) + \pi_{LH}V^j(m_t^a\phi_{t-1}^A, m_t^b\phi_{t-1}^B, \gamma_L^A, \gamma_H^B) + \\
&\quad \pi_{HL}V^j(m_t^a\phi_{t-1}^A, m_t^b\phi_{t-1}^B, \gamma_H^A, \gamma_L^B) + \pi_{LL}V^j(m_t^a\phi_{t-1}^A, m_t^b\phi_{t-1}^B, \gamma_L^A, \gamma_L^B)
\end{aligned}
$$

其中，$V^j(m_t^a\phi_{t-1}^A, m_t^b\phi_{t-1}^B, \gamma_t^A, \gamma_t^B)$代表$j$国购买者在状态$(\gamma_t^A, \gamma_t^B)$下的 DM 阶段的值函数。购买者可能与来自两国的出售者进行配对交易。例如，A 国购买者在状态(γ_H^A, γ_L^B)下的值函数为

$$
\begin{aligned}
&V^A(m_t^a\phi_{t-1}^A, m_t^b\phi_{t-1}^B, \gamma_H^A, \gamma_L^B) \\
&= \mu^{AA}S^{HLA}(m_t^a\phi_{t-1}^A, m_t^b\phi_{t-1}^B) + \mu^{AB}S^{HLB}(m_t^a\phi_{t-1}^A, m_t^b\phi_{t-1}^B) + \\
&\quad m_t^a\frac{\phi_{t-1}^A}{\gamma_H^A} + \left(1 - \frac{1}{\gamma_H^A}\right)Z^A + m_t^b\frac{\phi_{t-1}^B}{\gamma_L^B} + \mathcal{W}^A(0,0)
\end{aligned}
$$

其中，$S^{HLj} = u(q^{HLj}) - c(q^{HLj})$代表此购买者与$j(j = A, B)$国出售者在$(\gamma_H^A, \gamma_L^B)$状态下的配对交易所达成的贸易利得。$\left(1 - \frac{1}{\gamma_H^A}\right)Z^A$代表政府对本国购买者的货币转移。

因此，购买者在 DM 阶段将面对 8 种可能的情形。依据信息结构，这 8 种情形可划分为 4 对：（HHA, HLA），（LHA, LLA），（HHB, LHB），（HLB, LLB）。对于前两对，信息不对称是关于 B 国的货币总量增长率。对于后两对，信息不对称是关于 A 国的货币总量增长率。据此，一个 A 国购买者在 DM 阶段的预期值函数可写作：

$$
\begin{aligned}
&E[V^A(m_t^a\phi_{t-1}^A, m_t^b\phi_{t-1}^B, \gamma_t^A, \gamma_t^B)] = m_t^a\frac{\phi_{t-1}^A}{\bar{\gamma}^A} + \left(1 - \frac{1}{\bar{\gamma}^A}\right)Z^A + m_t^b\frac{\phi_{t-1}^B}{\bar{\gamma}^B} + \\
&W^A(0,0) + \mu^{AA}[S^{HHA}(m_t^a\phi_{t-1}^A, m_t^b\phi_{t-1}^B)\pi_{HH} + S^{HLA}(m_t^a\phi_{t-1}^A, m_t^b\phi_{t-1}^B)\pi_{HL} + \\
&S^{LHA}(m_t^a\phi_{t-1}^A, m_t^b\phi_{t-1}^B)\pi_{LH} + S^{LLA}(m_t^a\phi_{t-1}^A, m_t^b\phi_{t-1}^B)\pi_{LL}] + \\
&\mu^{AB}[S^{HHB}(m_t^a\phi_{t-1}^A, m_t^b\phi_{t-1}^B)\pi_{HH} + S^{HLB}(m_t^a\phi_{t-1}^A, m_t^b\phi_{t-1}^B)\pi_{HL} + \\
&S^{LHB}(m_t^a\phi_{t-1}^A, m_t^b\phi_{t-1}^B)\pi_{LH} + S^{LLB}(m_t^a\phi_{t-1}^A, m_t^b\phi_{t-1}^B)\pi_{LL}]
\end{aligned}
$$

在进入 DM 阶段前，购买者须在 CM 阶段确定其货币持有量。因此，$(m_t^a\phi_{t-1}^A, m_t^b\phi_{t-1}^B)$是如下最优化问题的解：

$$\max_{m_t^a\phi_{t-1}^A, m_t^b\phi_{t-1}^B} -m_t^a\phi_{t-1}^A - m_t^b\phi_{t-1}^B + \beta\left\{E^A[S(m_t^a\phi_{t-1}^A, m_t^b\phi_{t-1}^B)] + m_t^a\frac{\phi_{t-1}^A}{\bar{\gamma}^A} + \left(1-\frac{1}{\bar{\gamma}^A}\right)Z^A + m_t^b\frac{\phi_{t-1}^B}{\bar{\gamma}^B} + \mathcal{W}^A(0,0)\right\}$$

期望 E^A 反映了 A 国购买者与两国出售者配对的概率（μ^{AA}和μ^{AB}）。经过整理，上述最优化问题变形为

$$\max_{m_t^a\phi_{t-1}^A, m_t^b\phi_{t-1}^B} E^A[S(m_t^a\phi_{t-1}^A, m_t^b\phi_{t-1}^B)] - \left(\frac{\bar{\gamma}^A}{\beta}-1\right)m_t^a\frac{\phi_{t-1}^A}{\bar{\gamma}^A} - \left(\frac{\bar{\gamma}^B}{\beta}-1\right)m_t^b\frac{\phi_{t-1}^B}{\bar{\gamma}^B} + \left(1-\frac{1}{\bar{\gamma}^A}\right)Z^A \tag{4.10}$$

其中，$\frac{\bar{\gamma}^j}{\beta}-1$ 反映了货币 $j(j=A,B)$的持有成本。

将 A 国购买者在 $t-1$ 期末所持货币的真实价值定义为 $z_a^A = m_t^a\phi_{t-1}^A, z_b^A = m_t^b\phi_{t-1}^B$。类似地，将$(z_a^B, z_b^B)$定义为 B 国购买者所持货币的真实价值。这些变量可由如上最优化问题解得。两国货币供应总量的真实价值将在均衡中被内生地确定为 $Z^A = z_a^A + z_a^B N, Z^B = z_b^A + z_b^B N$。

定义 4.2　模型的稳态均衡包括购买者和出售者的策略、出售者的信念、所有可能的配对交易中特殊商品的数量，以及货币持有量$(z_a^A, z_b^A, z_a^B, z_b^B)$。它们满足：（1）购买者和出售者的策略以及信念构成了满足直觉准则的完美贝叶斯均衡；（2）$(z_a^A, z_b^A, z_a^B, z_b^B)$是购买者最优的货币持有量。此外，若至少有一种货币的真实价值为正，即 $Z^A>0$ 或 $Z^B>0$，那么此稳态均衡是货币均衡。

定理 4.5（购买者的货币持有量）　若$\bar{\gamma}^A \geqslant \beta$，$\bar{\gamma}^B \geqslant \beta$，则$(z_a^A, z_b^A)$是 j

国购买者的最优货币持有量，当且仅当

$$-\left(\frac{\bar{\gamma}^{A}}{\beta}-1\right)\frac{1}{\bar{\gamma}^{A}}+E^{j}[S_{a}(z_{a}^{j},z_{b}^{j})]\leqslant 0,\qquad \text{等号成立当且仅当 } z_{a}^{j}>0$$

$$-\left(\frac{\bar{\gamma}^{B}}{\beta}-1\right)\frac{1}{\bar{\gamma}^{B}}+E^{j}[S_{b}(z_{a}^{j},z_{b}^{j})]\leqslant 0,\qquad \text{等号成立当且仅当 } z_{b}^{j}>0$$

其中，S_a 和 S_b 是关于 z_a^j 和 z_b^j 的一阶倒数。当 $\bar{\gamma}^A>\beta$，$\bar{\gamma}^B>\beta$ 时，存在 (z_a^A, z_b^A) 的唯一解。若 $\bar{\gamma}^A=\beta$ 或 $\bar{\gamma}^B=\beta$，则 $z_a^j\gamma_H^A+z_b^j\gamma_H^B\geqslant c(q^*)$。

定理4.5提供了购买者最优货币持有量的充要条件。当某一货币被购买者持有时，它的预期持有成本必定等于该货币在DM阶段所带来的预期边际收益。若某一货币持有成本为0，即 $\bar{\gamma}^j=\beta$，购买者将持有足够的货币 j 使得特殊商品的产量在所有可能的配对交易中均达到福利最优水平 q^*。否则，q^* 在某些配对交易中将无法实现。

当 $\bar{\gamma}^A>\beta$，$\bar{\gamma}^B>\beta$ 时，购买者的货币持有量存在唯一解。因此，货币供应总量的真实价值 Z^j 以及名义汇率 e_t 也在均衡中唯一确定。卡雷肯和华莱士（1981）的汇率不确定性问题在此情况下得以解决。反之，若 $\bar{\gamma}^j=\beta$，货币 j 的持有量将无法确定，均衡名义汇率也同样无法确定。

4.2.3 货币模式与名义汇率

在此部分，我们将探讨稳态均衡下的货币模式。为简化起见，我们将首先考虑两国对称的情形。引理4.3总结了两国对称情形下最优货币持有量所具备的特征。

引理4.3 考虑A国和B国对称情形下的稳态均衡，$N=1$，$\bar{\gamma}^A=\bar{\gamma}^B>\beta$，$\gamma_H^A/\bar{\gamma}^A=\gamma_H^B/\bar{\gamma}^B>1$，$\sigma_F^A=\sigma_F^B$。

（1）两国购买者所持有的本国货币量与外国货币量相同，即 $z_a^A = z_b^B$，$z_b^A = z_a^B$；（2）若 $\sigma_F^A = \sigma_F^B = 1/2$，则所有购买者持有相同的货币量，即 $z_a^A = z_b^B = z_b^A = z_a^B$；（3）在 $\sigma_F^A = \sigma_F^B = 1/2$ 的邻域内，购买者同时持有两种货币，名义汇率 e_t 随 N 和 σ_F^A 而增加；（4）在 $\sigma_F^A = \sigma_F^B = 0$ 的邻域内，购买者只持有本国货币，名义汇率 e_t 随 N 而增加，随 σ_F^A 而减小。

当两国完全融合在一起时，所有购买者参与境内或跨境配对交易的概率是相同的，因此，他们将持有相同的货币量。由于模型的连续性，在此邻域内购买者也会同时持有两种货币。当跨境交易的概率增加时，由于出售者的本国货币是优先的支付方式，购买者将减少本国货币持有量并增加外国货币持有量。这导致货币 B 升值，货币 A 贬值，因此，名义汇率 e_t 上升。

当两国完全隔离时，购买者只与本国出售者进行配对交易，因此，他们只持有本国货币。由于模型的连续性，在此邻域内购买者也只持有本国货币。当跨境交易的概率增加时，由于在跨境交易中本国货币的流动性较低，购买者将持有更多的本国货币，以通过部分留存的方式来释放高价值、低通胀的信号。因此，当 σ_F^A 增加时，A 国购买者对货币 A 的需求增加，这导致货币 A 升值，名义汇率 e_t 下降。

从上述分析可知，σ_F^A 对名义汇率的影响取决于货币体系的模式。此外，两国的相对大小也将通过配对交易的概率对均衡名义汇率产生影响。当 N 增加时，两国购买者与 B 国出售者进行配对交易的概率升高，与 A 国出售者进行配对交易的概率减小。若购买者同时持有两种货币，那么他们将持有更多的货币 B 并减少对货币 A 的持有量，名义汇率因而上升。若购买者只持有本国货币，A 国购买者将持有更多货币 A，以在跨境交易中释放本国货币高价值的信号；B 国购买者将减少货币 B 的持有量。这是由于随着 B 国购买者进行跨境交易概率的降低，信息不对称问题发生的可能性也将随之降低。因此，在两种情形中，B 国人口增加都将提高均衡的名义汇率。

接下来，我们将在不同的参数空间内探讨均衡货币模式的多样性及其影响因素。

1. (σ_F^A, σ_F^B) 空间中的货币模式

改变 σ_F^A 与 σ_F^B 的取值，同时使其他参数保持对称且不变，均衡中货币模式随（σ_F^A，σ_F^B）的变化如图 4.4 所示。σ_F^A 代表 A 国购买者持有的货币种类，σ_F^B 代表 B 国购买者持有的货币种类。A 国的货币模式由纵向的分隔线表示，B 国的货币模式由横向的分隔线表示。例如，当(σ_F^A, σ_F^B)处于两条横向分隔线之间时，B 国购买者同时持有两种货币；当(σ_F^A, σ_F^B)处于两条横向分隔线上方时，B 国购买者只持有货币 A；当(σ_F^A, σ_F^B)处于两条横向分隔线下方时，B 国购买者只持有货币 B。

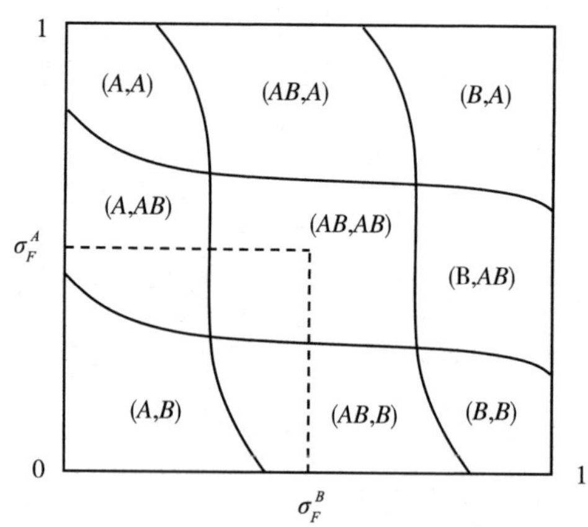

图 4.4 (σ_F^A, σ_F^B) 空间中的货币模式

资料来源：Wang C. A model of international currency with private information [J]. Journal of International Money and Finance, 2023, 131: 102809.

由于 $\sigma_F^j \leqslant 1/2$，我们将主要关注图 4.4 的左下角。购买者在境内进行

配对交易的概率大于跨境交易，因此，他们总是持有一定数量的本国货币，相对应的货币模式包括(A,B)，(A,AB)，(AB,B)和(AB,AB)。除了引理4.3所分析的对称情形，图中还分析了σ_F^A和σ_F^B非对称的情况。例如，当σ_F^B较大而σ_F^A较小时，由于跨境交易较频繁，B国购买者将同时持有两种货币；而A国购买者将更频繁地在境内进行配对交易，因此，他们只持有本国货币。

2. （$\bar{\gamma}^A$，$\bar{\gamma}^B$）空间中的货币模式

改变$\bar{\gamma}^A$与$\bar{\gamma}^B$的取值，同时使其他参数保持对称且不变，均衡中货币模式随$(\bar{\gamma}^A,\bar{\gamma}^B)$的变化如图4.5所示。其中，$\gamma_{\max}^{A,j}$是使得货币A的持有成本等于其在DM阶段为$j$国购买者带来的边际收益的临界平均通胀率。当$\bar{\gamma}^A>\gamma_{\max}^{A,j}$时，$j$国购买者不再持有货币A。相应地，$\gamma_{\max}^{B,j}$是使得货币B的持有成本等于其在DM阶段为$j$国购买者带来的边际收益的临界平均通胀率。当$\bar{\gamma}^B>\gamma_{\max}^{B,j}$时，$j$国购买者不再持有货币B。因此，货币均衡存在的必要条件是$\bar{\gamma}^A<\gamma_{\max}^{A,A}$或$\bar{\gamma}^B<\gamma_{\max}^{B,B}$。$\gamma_{\max}^{A,j}$和$\gamma_{\max}^{B,j}$满足$\frac{1}{\beta}-\frac{1}{\bar{\gamma}^A}=E^j[S_a(0,0)]$，$\frac{1}{\beta}-\frac{1}{\bar{\gamma}^B}=E^j[S_b(0,0)]$。经计算可知，

$$\gamma_{\max}^{A,j}=\beta\left\{1+\left[\frac{u'(0)}{c'(0)}-1\right]\left[\mu^{jA}+\mu^{jB}\frac{\bar{\gamma}^A}{\gamma_H^A}\left(\pi_H^A+\pi_L^A\frac{u'(0)-c'(0)}{u'(0)-\frac{\gamma_L^A}{\gamma_H^A}c'(0)}\right)\right]\right\}$$

$$\gamma_{\max}^{B,j}=\beta\left\{1+\left[\frac{u'(0)}{c'(0)}-1\right]\left[\mu^{jB}+\mu^{jA}\frac{\bar{\gamma}^B}{\gamma_H^B}\left(\pi_H^B+\pi_L^B\frac{u'(0)-c'(0)}{u'(0)-\frac{\gamma_L^B}{\gamma_H^B}c'(0)}\right)\right]\right\}$$

当$u'(0)c'(0)\to\infty$时，$\gamma_{\max}^{A,j}\to\infty$，$\gamma_{\max}^{B,j}\to\infty$。此时，货币均衡对任意平均通胀率$(\bar{\gamma}^A,\bar{\gamma}^B)$均存在。

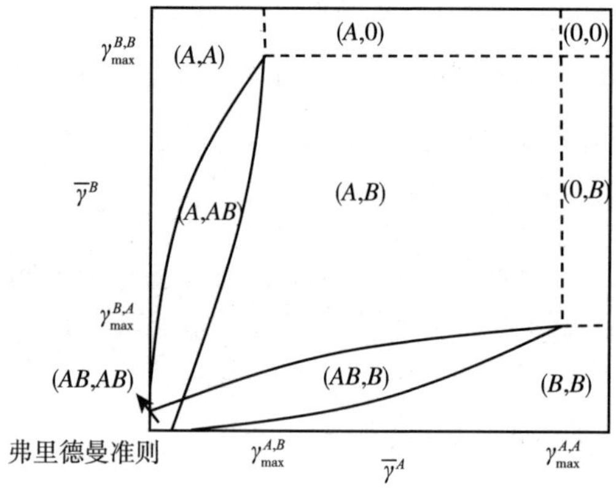

图 4.5 （$\bar{\gamma}^A$，$\bar{\gamma}^B$）空间中的货币模式

资料来源：Wang C. A model of international currency with private information [J]. Journal of International Money and Finance，2023，131：102809.

当两国的平均通胀水平基本相当，但远高于弗里德曼准则时，各国购买者只持有本国货币。当两国的平均通胀水平都接近弗里德曼准则时，两国货币的持有成本都比较低，此时，两种货币作为国际货币被所有购买者同时持有。

一国货币在 DM 阶段给两国购买者带来的边际收益是不同的。例如，货币 B 在与 B 国出售者的配对交易中流动性更高，而 B 国购买者较 A 国购买者更容易与 B 国出售者进行配对交易，因此，额外一单位货币 B 给 B 国购买者带来的收益提升高于 A 国购买者。于是，随着 $\bar{\gamma}^B$ 从弗里德曼准则起逐渐升高，A 国购买者将首先放弃持有货币 B。只有当 $\bar{\gamma}^B$ 达到极高水平时，B 国购买者才会放弃持有货币 B。类似地，随着 $\bar{\gamma}^A$ 从弗里德曼准则起逐渐升高，B 国购买者将首先放弃持有货币 A。图 4.5 中水平方向的分隔线表示 A 国购买者持有货币种类的变化，竖直方向的分隔线表示 B 国购买者持有货币种类的变化。

在 B 国平均通胀率较低而 A 国平均通胀率居中的情形下，货币模式为(AB,B)。此时，由于货币 B 的持有成本较低，A 国购买者愿意在持有本国货币的同时持有货币 B，来克服跨境交易中的信息不对称问题。当 B 国平均通胀率较低而 A 国平均通胀率很高的情形下，货币模式为(B,B)，货币 A 停止流通，货币 B 成为唯一的交易媒介。此时，货币 A 的持有成本过高，使得 A 国购买者宁愿在境内交易中使用外国货币进行结算，也不愿持有更具有信息优势的本国货币。

平均通胀率对名义汇率有怎样的影响呢？定理4.6 证明了平均通胀率对名义汇率的影响与货币模式无关，这与国家人口数量对名义汇率的影响类似，但与经济开放程度对名义汇率的影响不同。

定理4.6　在$\bar{\gamma}^{A}>\beta$，$\bar{\gamma}^{B}>\beta$，且两种货币价值均为正的稳态货币均衡中，名义汇率 e_t 随$\bar{\gamma}^{A}$ 递增，随$\bar{\gamma}^{B}$ 递减。这一结果对于所有的货币模式均成立。

随着 A 国平均通胀率的升高，购买者将用货币 B 替换货币 A。对货币 B 需求的提高使得货币 B 升值，名义汇率 e_t 升高。在(A,B)模式下，购买者只持有本国货币，因此不存在货币替换。在此情形下，由于货币 A 的持有成本上升，A 国购买者将降低其本国货币的持有量。这使得货币 A 发生贬值，名义汇率 e_t 同样升高。

此外，货币政策的不确定性、经济的开放程度和两国的相对大小，都会对货币模式产生影响。接下来，我们将逐一分析以上因素如何改变$(\bar{\gamma}^{A},\bar{\gamma}^{B})$空间中货币模式的边界。

首先，我们在图4.6 中将 A 国的通胀不确定性 $\gamma_{H}^{A}/\bar{\gamma}^{A}$ 降低，将此情形下货币模式的边界（虚线）与基准模型的结果（实线）进行对比。随着 A 国通胀不确定性的降低，所有的边界均向右下方移动。从直觉上讲，平均通胀率和通胀不确定性是反映一国货币质量的两个重要方面。在给定货币 B 质量的前提下，随着货币 A 通胀不确定性的降低，购买者将愿意接受A国更高的平均通胀率。换句话说，对于给定的平均通胀率$\bar{\gamma}^{A}$，货币A通胀不确定性的降低提高了货币A的质量，购买者要求货币B具有更高的质量，使得货币B平均通胀率的临界值下降。

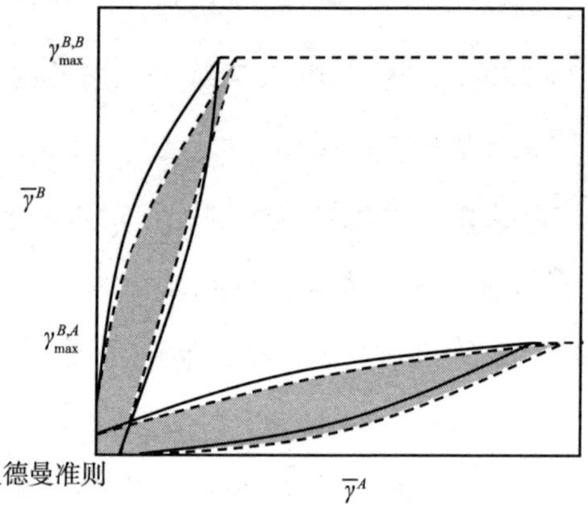

图4.6 $(\bar{\gamma}^{A},\bar{\gamma}^{B})$空间中的货币模式(降低$\gamma_{H}^{A}/\bar{\gamma}^{A}$)

资料来源：Wang C. A model of international currency with private information [J]. Journal of International Money and Finance, 2023, 131: 102809.

图4.7考察了提高A国经济开放度对$(\bar{\gamma}^{A},\bar{\gamma}^{B})$空间中货币模式的影响。若A国购买者更频繁地进行跨境配对交易，此时，货币B的预期边际收益升高，使得A国购买者愿意接受更高的平均通胀率$\bar{\gamma}^{B}$，因此，水平方向的边界向上平移。随着更多的A国购买者走向境外，B国购买者进行跨境配对交易的概率升高，这使得货币A在DM阶段的边际收益升高。因此，对于给定的$\bar{\gamma}^{B}$，B国购买者愿意接受更高的$\bar{\gamma}^{A}$，竖直方向的边界向右平移。通过以上分析可知，当一国的对外开放程度提高时，两国购买者对外国货币的持有量都将增加，因此，所有的边界线均向中间平移。

图4.8分析了增加B国人口带来的影响。随着N的增加，B国出售者的人数上升，这使得所有购买者与B国出售者进行配对交易的概率均

增加，故而，货币 B 在 DM 阶段的边际收益在所有情形下均会上升，推动所有的边界线向上平移。

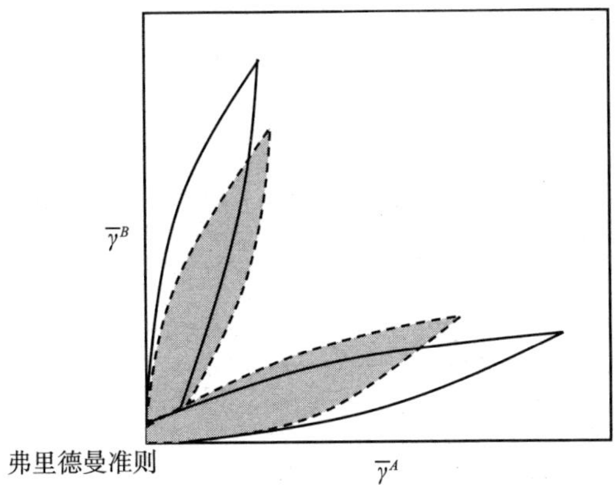

图 4.7　$(\overline{\gamma}^A, \overline{\gamma}^B)$ 空间中的货币模式（提高 σ_F^A）

资料来源：Wang C. A model of international currency with private information［J］. Journal of International Money and Finance，2023，131：102809.

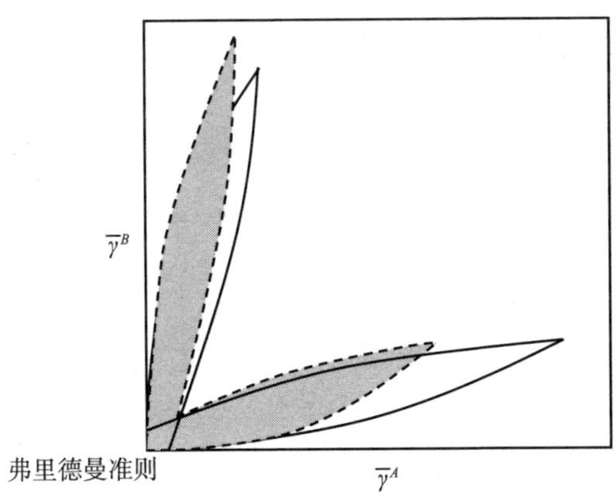

图 4.8　$(\overline{\gamma}^A, \overline{\gamma}^B)$ 空间中的货币模式（提高 N）

资料来源：Wang C. A model of international currency with private information［J］. Journal of International Money and Finance，2023，131：102809.

综上所述，当通胀不确定性降低，或一国人口增加时，所有的购买者都将增加对此国货币的持有量。而经济开放程度的增加会使所有购买者持有更多的外国货币。

3. $(\gamma_H^A/\bar{\gamma}^A, \gamma_H^B/\bar{\gamma}^B)$空间中的货币模式

我们在图4.9中分析$(\gamma_H^A/\bar{\gamma}^A, \gamma_H^B/\bar{\gamma}^B)$空间中的货币模式。若外国平均通胀率很高，购买者将只持有本国货币；若本国平均通胀率很高，购买者将只持有外国货币。当两国的通胀不确定性水平相当时，若通胀不确定性较低，则购买者只持有本国货币；若通胀不确定性较高，则购买者同时持有两国货币。而在图4.5中，当两国的平均通胀水平相当时，若平均通胀率较高，则购买者只持有本国货币；若平均通胀率较低，则购买者同时持有两国货币。因此，当两国货币的质量都较差时，若低质量来自较高的通胀不确定性，购买者将持有多种货币；若低质量来自较高的平均通胀率，购买者将只持有本国货币。因此，尽管平均通胀率和通胀不确定性都是影响货币质量的重要因素，它们的影响机制之间仍存在一些重要的区别。

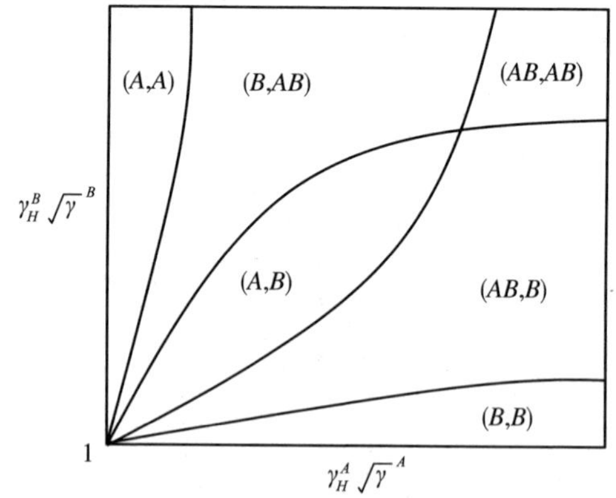

图4.9 $(\gamma_H^A/\bar{\gamma}^A, \gamma_H^B/\bar{\gamma}^B)$空间中的货币模式

资料来源：Wang C. A model of international currency with private information [J]. Journal of International Money and Finance, 2023, 131: 102809.

持有多种货币有助于缓解DM阶段的信息不对称。因此，当货币持有

成本不太高时，购买者将同时持有两种货币。由于 $\sigma_F^j<1/2$，购买者的本国货币持有量高于其外国货币持有量。当平均通胀率升高时，购买者的货币持有量将下降。外国货币持有量首先降为0，因此，购买者在平均通胀率较高时只持有本国货币。

通胀率的不确定性对应着 DM 阶段的信息不对称。当不确定性较高时，购买者将同时持有两种货币来克服跨境配对交易中的信息不对称。当不确定性较低时，购买者持有外国货币的动机降低，因此，他们只持有本国货币。

4. 名义汇率

尽管平均通胀率和人口数量对名义汇率的影响与货币模式无关，但通胀不确定性和经济开放程度对名义汇率的影响将取决于货币模式的不同。表4.2总结了不同货币模式下名义汇率的影响因素。

表4.2　　名义汇率的影响因素

货币模式	$N\uparrow$	$\bar{\gamma}^A\uparrow$	$\sigma_F^A\uparrow$	$\gamma_H^A/\bar{\gamma}^A\uparrow$
(AB,B)	$e\uparrow$	$e\uparrow$	$e\uparrow$	$e\uparrow$
(A,B)	$e\uparrow$	$e\uparrow$	$e\downarrow$	$e\downarrow$
(A,AB)	$e\uparrow$	$e\uparrow$	$e\downarrow$	$e\uparrow$
(AB,AB)	$e\uparrow$	$e\uparrow$	$e\uparrow$	$e\uparrow$

若 A 国购买者同时持有两种货币，那么随着 A 国经济开放程度的提高，A 国购买者进行跨境配对交易的概率提高。他们将用货币 A 替换货币 B，使得货币 A 发生贬值，名义汇率提高。若 A 国购买者只持有本国货币，他们将提高其货币持有量，用以释放货币 A 高价值、低通胀的信号，因此，货币 A 升值，名义汇率降低。

主流国际经济学认为，若跨境贸易采用出口商的本国货币进行结算

（生产者货币定价，PCP），那么进口需求的提高将导致本国货币贬值。在此模型中，σ_F^A 增加对应着进口需求的提高。因此，在(AB,B)和(AB,AB)货币模式下，σ_F^A 对汇率的影响与主流文献相一致。此模型中支付方式的啄食顺序理论对应着主流文献中的生产者货币定价方式，它们都是以出售者的本国货币作为优先支付方式。但是，在(A,B)和(A,AB)的货币模式下①，配对交易是使用进口方的本国货币进行结算的（当地货币定价，LCP）。此模型发现，若外国货币的质量很低（平均通胀率 γ_H^B 高或通胀不确定性 $\gamma_H^B/\bar{\gamma}^B$ 高），那么在信息不对称的影响下，进口增加将会导致本国货币升值。

此外，通胀不确定性对名义汇率的影响也取决于具体的货币模式。通胀不确定性 $\gamma_H^A/\bar{\gamma}^A$ 升高意味着信息不对称的程度加重。若至少有一种货币是国际货币，即该货币同时被本国和外国购买者所持有，那么随着 A 国通胀不确定性的升高，购买者将用货币 B 替换货币 A，使得名义汇率升高。若购买者只持有其本国货币，换句话说，若两国在跨境配对交易中都采取当地货币定价，那么通胀不确定性 $\gamma_H^A/\bar{\gamma}^A$ 升高将导致货币 A 的流动性下降。A 国购买者将持有更多的货币量，在跨境交易中释放本币高价值的信号。

4.2.4　货币政策博弈

在本部分，我们将探讨两国货币当局在确定平均通胀率时的战略性博弈。② 一国货币当局将两国的通胀不确定性，以及他国的平均通胀率视

---

① A 国是发达经济体，B 国是新兴市场国家的情况对应着此类货币模式。

② 特雷霍斯和莱特（1996）、特雷霍斯（2003）以及李和松井（2009）在货币不可分的两国两货币模型中对货币政策博弈进行了分析。刘和石（2010）在货币搜寻模型中进行了最优货币政策的分析，但他们的着重点在于一价定律的偏离。

为给定，来选择本国最优的平均通胀率。在现实中，货币当局会设定各自的通胀目标，然而是否能够准确达到此目标并无保证。这构成了此货币政策博弈的现实经济背景。

我们先推导出两国货币当局的目标函数。货币当局以稳态下本国居民的福利作为政策目标。j 国的福利 $\mathcal{W}^j$ 等于本国所有购买者和出售者的效用之和。由于 DM 阶段配对交易的贸易利得全部被购买者获得，因此，出售者的效用总为 0。据此，

$$\mathcal{W}^A = E(V^A),\mathcal{W}^B = NE(V^B)$$

经过整理，可推导出：①

$$\mathcal{W}^A = \frac{1}{1-\beta}\Big\{E^A[S(z_a^A,z_b^A)] - \underbrace{z_b^A\Big(1-\frac{1}{\bar{\gamma}^B}\Big)}_{\text{A国对B国的铸币税转移}} + \underbrace{Nz_a^B\Big(1-\frac{1}{\bar{\gamma}^A}\Big)}_{\text{A国从B国得到的铸币税收入}}\Big\}$$

$$\mathcal{W}^B = \frac{N}{1-\beta}\Big\{E^B[S(z_a^B,z_b^B)] - \underbrace{z_a^B\Big(1-\frac{1}{\bar{\gamma}^A}\Big)}_{\text{B国对A国的铸币税转移}} + \underbrace{\frac{z_b^A}{N}\Big(1-\frac{1}{\bar{\gamma}^B}\Big)}_{\text{B国从A国得到的铸币税收入}}\Big\}$$

一国的福利可被分为两部分：一是 DM 阶段本国购买者的剩余；二是净铸币税收益或转移。A 国购买者持有 B 国货币 z_b^A 对应着 A 国向 B 国的铸币税转移，同时也是 B 国从 A 国获得的铸币税收益。类似地，B 国购买者持有 A 国货币 z_a^B 对应着 B 国向 A 国的铸币税转移，同时也是 A 国从 B 国获得的铸币税收益。由于两国的铸币税收益和转移相互抵消，因此，世界总福利等于两国 DM 阶段的购买者剩余之和：

---

① 在稳态均衡中，$E(V^A) = z_a^A/\bar{\gamma}^A + z_b^A/\bar{\gamma}^B + (1-1/\bar{\gamma}^A)Z^A + \mathcal{W}^A(0,0) + E^A[S(z_a^A, z_b^A)]$，其中，$\mathcal{W}^A(0,0) = -z_a^A - z_b^A + \beta E(V^A)$。因此，$E(V^A) = \frac{1}{1-\beta}\{(1-1/\bar{\gamma}^A)(Z^A - z_a^A) - (1-1/\bar{\gamma}^B)z_b^A + E^A[S(z_a^A,z_b^A)]\} = \frac{1}{1-\beta}\{(1-1/\bar{\gamma}^A)z_a^B - (1-1/\bar{\gamma}^B)z_b^A + E^A[S(z_a^A,z_b^A)]\}$。B 国总福利可使用类似的方法推导得出。

$$\mathcal{W}=\mathcal{W}^{A}+\mathcal{W}^{B}=\frac{1}{1-\beta}\{E^{A}[S(z_{a}^{A},z_{b}^{A})]+NE^{B}[S(z_{a}^{B},z_{b}^{B})]\}$$

作为基准，我们首先分析社会规划者问题。社会规划者希望通过选择两国的通胀目标使得世界总福利最大化。

定理 4.7 社会规划者对通胀目标的选择满足双重弗里德曼准则：$(\bar{\gamma}^{A},\bar{\gamma}^{B})=(\beta,\beta)$。在此情形下，所有的配对交易均可达到福利最优的产出水平 q^{*}。尽管两国的通胀不确定性有所差异，但两国货币在均衡中的价值均为正。

在弗里德曼准则下，预期的货币持有成本为 0。因此，购买者将持有足量的货币(z_{a}^{j},z_{b}^{j})来克服所有的支付约束，并实现最优产出水平 q^{*}。尽管货币持有量在均衡中并非唯一确定，但所有分配结果都具有相同的收益和福利效应。

若两国在选择通胀目标时能够互相协调，由于他们与社会规划者具有相同的目标，因此，最终的博弈结果将与社会规划者的选择相一致。在此情形下，提高平均通胀率所带来收益重新分配并不会带来总体福利的提升，因此，货币当局也没有提高通胀的动机。

接下来，我们假设两国货币当局拒绝合作，推导非合作博弈的均衡。提高通胀目标将同时提高一国的铸币税收益和货币持有成本，因此，货币当局在确定通胀目标时需要对这两个方面进行权衡取舍。

定理 4.8 假设两国货币当局均选择 $\bar{\gamma}^{j}=\beta,j=A,B$。只要两国并非完全隔离，那么 A 国可通过提高平均通胀率来提高社会福利，即 $\left.\frac{\partial\mathcal{W}^{A}}{\partial\bar{\gamma}^{A}}\right|_{\bar{\gamma}^{A}=\bar{\gamma}^{B}=\beta}>0$。此外，提高平均通胀率所带来的收益增量将随 A 国通胀不确定性的提高而减小。

定理 4.8 证明在非合作博弈中，双重弗里德曼准则不可能成为均衡。当$(\bar{\gamma}^{A},\bar{\gamma}^{B})=(\beta,\beta)$时，DM 阶段的购买者福利达到最大值。此时，提高铸币税收益的激励将高于本币购买力下降的成本。

提高 A 国平均通胀率将提高 A 国的铸币税收益，但设定 $\bar{\gamma}^A > \beta$ 意味着货币 A 的持有成本为正，因此，在与 A 国出售者的配对交易中，最优产出水平 q^* 可能无法实现。A 国通胀不确定性较低意味着 DM 阶段配对交易中的信号成本较低。这降低了提高 A 国平均通胀水平的成本，使得 A 国货币当局有更高的激励提高通胀水平。

接下来我们将论证，在此博弈的纳什均衡中，至少一国货币被两国购买者同时持有，即至少存在一种国际货币。如图 4.10 所示，（1）均衡点不可能处于$(0,0)$区域内。在此区域内，两国福利均为 0。A 国可以降低平均通胀率进入$(A,0)$区域，使 A 国获得正福利。（2）均衡点不可能处于$(A,0)$和$(0,B)$区域内。货币当局可降低平均通胀率进入(A,B)区域，来提高本国福利。（3）均衡点不可能处于(A,B)区域内部。在此区域内，各国购买者只持有本国货币，因此，铸币税收入为 0。货币当局可降低本国平均通胀率，提高本国的货币持有量来提高本国福利。对于 $\epsilon > 0$，

$$\mathcal{W}^{\mathcal{A}'} = \frac{1}{1-\beta} E^A [S(z_a^A + \epsilon, 0)] > \frac{1}{1-\beta} E^A [S(z_a^A, 0)] = \mathcal{W}^{\mathcal{A}}$$

$$\mathcal{W}^{\mathcal{B}'} = \frac{1}{1-\beta} E^B [S(0, z_b^B + \epsilon)] > \frac{1}{1-\beta} E^B [S(0, z_b^B)] = \mathcal{W}^{\mathcal{B}}$$

（4）在区域(B,B)内部，A 国福利只与 B 国的平均通胀率相关：

$$\mathcal{W}^{\mathcal{A}} = \frac{1}{1-\beta} \left\{ E^A [S(0, z_b^A)] - z_b^A \left(1 - \frac{1}{\bar{\gamma}^B} \right) \right\}$$

因此，A 国货币当局没有改变平均通胀率的激励。类似地，在区域(A,A)内部，B 国货币当局没有改变平均通胀率的激励。不失一般性地，我们假设当一国货币当局对于平均通胀率无差异时，它将选择其中最低的通胀水平。因此，纳什均衡只可能处于(AB,AB)，(A,AB)，(AB,B)三个

区域内。

若两国是对称的，那么货币当局的最优反应函数如图 4.10 中的点划线所示。根据对称性，纳什均衡必定处于（AB，AB）区域内。此时，两国货币都是国际货币，且两国的均衡平均通胀率一定相等。

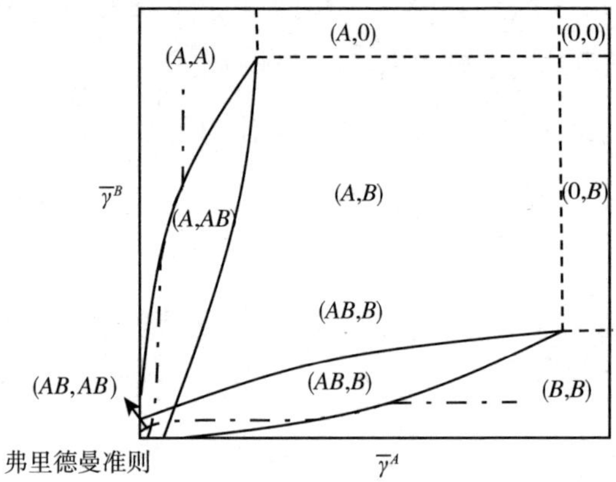

图 4.10　非合作对称博弈的最优反应函数

资料来源：Wang C. A model of international currency with private information [J]. Journal of International Money and Finance，2023，131：102809.

通胀不确定性和经济开放程度会如何影响货币政策博弈的均衡呢？在图 4.11 中，我们用实线表示基准模型的货币模式，用虚线代表同时降低两国通胀不确定性后的货币模式。随着通胀不确定性的降低，(A，AB)和(AB，B)两区域变窄，两国货币同时被所有购买者持有的区域(AB，AB)缩小，因此，纳什均衡下的目标通胀率降低。从直觉上来说，随着通胀不确定性的降低，信息不对称问题有所减弱，购买者将减小外国货币的持有量。这减小了通胀所带来的铸币税收益，降低了货币当局提高平均通胀率的动机。因此，货币政策的不确定性会带来更高的均衡目标通胀率。

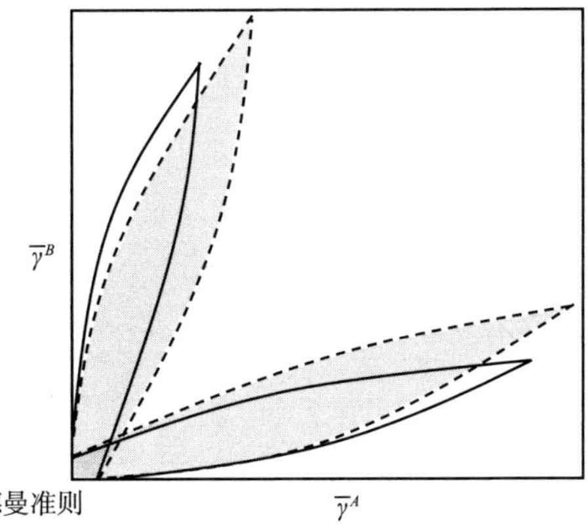

图 4.11　对称博弈的货币模式（降低 $\gamma_H^j/\overline{\gamma}^j$）

资料来源：Wang C. A model of international currency with private information [J]. Journal of International Money and Finance，2023，131：102809.

在图 4.12 中，我们用实线表示基准模型的货币模式，用虚线代表同时提高两国经济开放程度之后的货币模式。随着 σ_F^j 的降低，(A,AB)和(AB,B)两区域的距离变远，区域(AB,AB)缩小，纳什均衡下的目标通胀率降低。在两国完全分隔的极端情形下，纳什均衡为两国货币当局遵从双重弗里德曼准则。随着 σ_F^j 的降低，铸币税收益减小，货币当局提高平均通胀率的动机降低，从而使得均衡通胀目标减小。刘和石（2010）指出，随着两国经济融合程度的提高，货币当局相互协调所带来的收益会更高。本模型进一步印证了这一结论。

我们进一步在图 4.13 中考察了非对称博弈的均衡。虚线代表 A 国的通胀目标，实线代表 B 国的通胀目标。随着 A 国通胀不确定性的降低，两国购买者用货币 A 替代货币 B。这提高了 A 国的铸币税收入，并降低了 B 国的铸币税收入。A 国提高通胀率的收益增大，因此，A 国货币当局将提高其通胀目标。而 B 国提高通胀率的收益率减小，因此，B 国货币当局将降低其通胀目标。换句话说，一国提高通胀率的动机将随其货

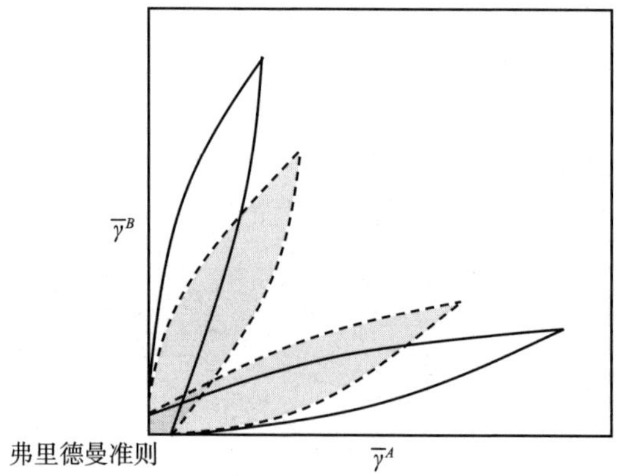

图 4.12　对称博弈的货币模式（提高 σ_F^j）

资料来源：Wang C. A model of international currency with private information [J]. Journal of International Money and Finance，2023，131：102809.

币政策的相对不确定性（相对于他国的货币政策不确定性）而减小，这与定理 4.8 的结论相一致。这一规律也反映在图 4.6 中。当 A 国的通胀不确定性 $\gamma_H^A/\overline{\gamma}^A$ 减小时，至少有一国货币是国际货币的区域向右下方平移，使得 A 国平均通胀率升高，B 国平均通胀率下降。

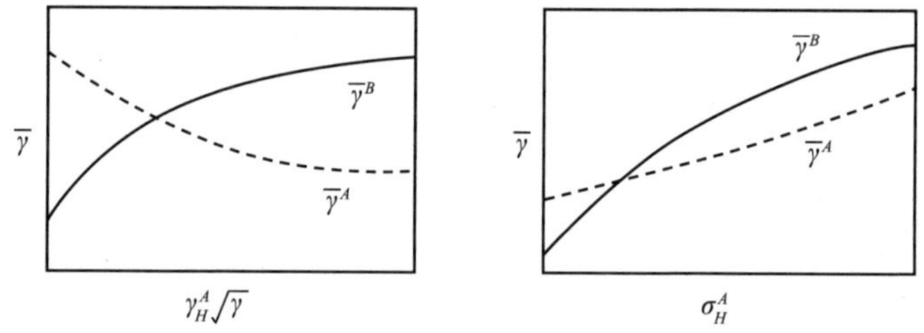

图 4.13　非对称博弈的纳什均衡

资料来源：Wang C. A model of international currency with private information [J]. Journal of International Money and Finance，2023，131：102809.

若 A 国购买者更频繁地参与跨境配对交易中，他们将持有更多货币 B，使得 B 国的铸币税收益增加。参与境内配对交易的 A 国购买者减少，使得 B 国购买者进行跨境配对交易的概率增加。因此，B 国购买者将持有更多货币 A，提高了 A 国的铸币税收益。铸币税收益的提高使得两国货币当局提高通胀的动机增强，导致两国的均衡通胀目标均随 σ_F^A 而增加。这一结果也反映在图 4.7 中。随着 σ_F^A 升高，至少有一国货币是国际货币的区域向中央平移。以上分析对刘和石（2010）的结果进行了补充。刘和石（2010）发现，两国同时增加经济开放程度会使得两国的平均通胀水平升高。而本模型发现，即使只有一个国家提高了其经济开放程度，也会使得两国的均衡通胀目标同时上升。

在新开放经济宏观经济学中，一国永久性货币扩张的国际效应取决于出口结算货币的选择以及商品的跨国可替代性。① 通过对国际贸易和货币交换微观机制的分析，本模型在货币政策的博弈过程中识别出了一些新的因素，如货币政策的不确定性、经济开放程度，以及本国与外国当前的货币政策状态，这些因素也会对货币扩张的国际效应产生影响，例如，给定 B 国的货币政策，若 A 国当前的通胀目标低于最优的 $\bar{\gamma}^A$，那么货币扩张将提高社会福利；若 A 国当前的通胀目标高于最优的 $\bar{\gamma}^A$，那么货币扩张将有损本国的社会福利。

4.3 本章小结

我们在本章构建了带有信息不对称的国际货币模型。在匹配交易中，

① 奥布斯费尔德和罗格夫（Obstfeld and Rogoff，1995）发现，当跨国商品替代率较高且出口使用生产者货币进行结算（PCP）时，货币扩张对本国和外国的社会福利具有同等的正向效益。而科尔塞蒂和佩森蒂（2001）和铁勒（Tille，2001）指出，当跨国商品替代率较低时，货币扩张将有损于本国福利而有利于他国福利。贝茨和德弗罗（Betts and Devereux，2000）发现，若出口使用消费者当地货币进行结算（LCP），那么货币扩张具有以邻为壑效应，有利于本国福利但有损于他国福利。

出售者对于外国通胀率的信息不完全，因此，需要根据购买者提出的报价对外国货币的真实价值进行预期。通过带有不对称信息的议价博弈，购买者在匹配交易中将先使用无不对称信息的本国货币进行支付，当本国货币数量不足时再使用带有不对称信息的外国货币进行支付，从而形成了支付方式的啄食顺序理论。外国货币的流动性随信息的不对称程度而降低。

均衡的国际货币模式具有多样性，取决于两国的相对大小、经济开放程度、平均通胀率、货币政策不确定性等。在不同的货币模式下，以上因素对于均衡汇率的影响有所差异。例如，若购买者同时持有两国货币，那么当本国货币政策不确定性升高时，购买者会用外国货币替代本国货币，引起本国货币贬值；若购买者只持有本国货币，那么当本国货币政策不确定性升高时，购买者会选择持有更多的本国货币，用来在跨境交易中释放本国货币高价值的信号，这会引起本国货币升值。因此，在不同的货币模式下，货币政策不确定性对均衡汇率的影响方向不同。

在两国政策的货币政策博弈中，货币政策的不确定性同样起着关键作用。本国货币政策不确定性升高会提高均衡的外国通胀目标并降低本国通胀目标，使得外国货币当局能够收取更多的铸币税。而一国经济开放程度的提高将使得两国的通胀目标均提高。

第5章

国际货币模型
——货币伪造与识别

现今大宗国际贸易的支付主要是通过跨国金融机构，采取电子化交易的模式，因此，货币的真伪并非跨国支付中的重要考虑因素。尽管如此，对于伪币的分析将有助于我们加深对国际货币模式和汇率本质的理解，因此，本部分将对货币伪造与识别的相关理论模型进行简要介绍和探讨。①

5.1 货币伪造

5.1.1 单一货币的基准模型

假设购买者可以在 CM 阶段以 $k>0$ 的固定成本制造假币，故伪造的

① 库尔蒂（Kultti，1996）和格林和韦伯（Green and Weber，1996）的研究是在价格外生的随机匹配模型中研究假币问题的最早期文献。威廉森（Williamson，2002）在第二代新货币主义模型中研究了银行券的伪造问题。

边际成本为0。依照诺塞尔和华莱士（2007）的设定，假设 $t-1$ 期制造的假币将在 t 期的 CM 阶段被完全检出并没收，因此，购买者只能在 t 期的 DM 阶段使用假币，而接受假币作为支付手段的出售者将遭受损失。假设出售者在 DM 阶段无法区分真币与假币。① 为简化起见，在此部分的分析中我们令 $\sigma=1$，即忽略搜寻摩擦。

购买者需要在 CM 阶段确定他的真币持有量以及是否制造假币。由于制造假币的边际成本为0，且出售者无法区分真币与假币，因此，若购买者决定在 CM 阶段制造假币，他将在 DM 阶段全部使用假币进行支付，即真币持有量为0。此外，由于真币的持有成本为正，$r>0$，购买者的真币持有量不会超过他在 DM 阶段的支付需求，即 $m=d$。因此，购买者在 CM 阶段的两项决策可合并为一项：持有 d 单位的真币，或是制造 d 单位的假币。在 DM 阶段的议价博弈中，出售者既不知道购买者的货币持有量，也不知道他在上期的 CM 阶段是否参与了制造假币。购买者先提出“接受或离开”的报价，出售者需要决定是否接受此报价。

假设购买者提出报价(q,d)，且此报价被出售者接受。若购买者持有 d 单位的真币，则他的效用为 $-\phi d+\beta[u(q)+W^b(0)]$。若购买者伪造 d 单位的假币，则他的效用为 $-k+\beta[u(q)+W^b(0)]$。因此，当 $\phi d\leqslant k$ 时，购买者愿意持有真币。出售者在 DM 阶段无法区分真币和假币。当 $\phi d\leqslant k$ 时，出售者认为购买者持有的是真币，并接受报价(q,d)。若 $\phi d>k$，出售者认为购买者持有的是假币并拒绝此报价。因此，$\phi d\leqslant k$ 是出售者接受报价(q,d)的必要条件。

① 李等（2012）在有限期模型中分析了真实资产的伪造问题。

根据上述分析，购买者的最优化问题为

$$\max_{(q,d)}\{-(1-\beta)\phi d+\beta[u(q)-\phi d]\}$$
$$\text{s.t.}\ -c(q)+\phi d\geqslant 0,\phi d\leqslant k$$

其中，第一个不等式是出售者的参与约束，它确保了出售者愿意接受购买者提出的报价。第二个不等式是无假币约束，它意味着购买者持有真币的真实价值不会超过制造假币的成本。

若无假币约束是松的，即假币制造成本 k 很高，此时，最优的报价 (q,d) 满足：$u'(q)/c'(q)=1+r$，$\phi d=c(q)$。若无假币约束是紧的，即假币制造成本 k 很低，此时，最后的报价 (q,d) 满足：$q=c^{-1}(k)$，$\phi d=k$。令 $\bar{k}$ 代表使得等式 $u'(q)/c'(q)=1+r$ 和 $q=c^{-1}(k)$ 同时成立的 k 的取值，即 $\bar{k}$ 满足等式

$$u'[c^{-1}(\bar{k})]=(1+r)c'[c^{-1}(\bar{k})]$$

那么，当 $k\geqslant\bar{k}$ 时，无假币约束是松的，此时，均衡由图 5.1 中曲线 $u'(q)/c'(q)$ 与代表货币持有成本的水平线 $1+r$ 的交点确定，均衡点与假币制造成本 k 无关。

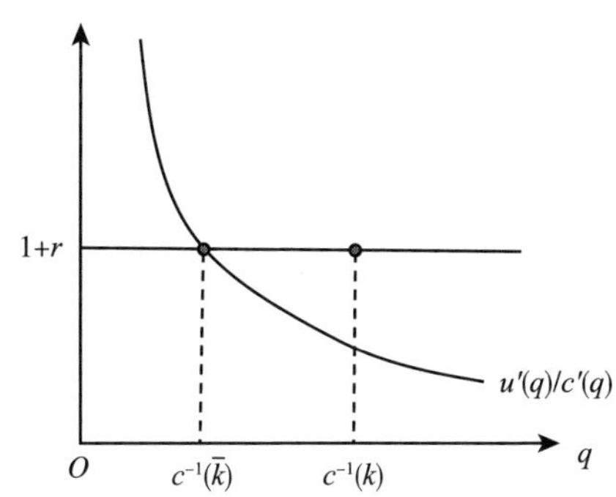

图 5.1　无假币约束的均衡确定

当 $k<\bar{k}$ 时，无假币约束是紧的，此时，均衡由垂直线 $c^{-1}(k)$ 与水

平线 $1+r$ 的交点确定，产量 q 随造假成本 k 而升高。此外，市场出清意味着 $d=M$，购买者需要持有更高价值的真币来购买 q，故货币真实价值 $\phi=k/M$ 也随造假成本 k 而升高。在现实中，货币当局会使用特殊的纸张和墨水来印制纸币，不定期地更新货币版本和造币技术，并采用严厉的措施惩戒制造假币的行为。这些手段在无假币流通的情况下，依然会对货币的真实价值产生影响。

5.1.2 两国模型

本节将单一货币的伪造模型拓展至两国两货币模型。模型的基本设定与第 4 章类似。为简单起见，假设购买者和出售者只在本国进行交易，即不存在跨境贸易。在下面的讨论中，我们从 A 国购买者和出售者的角度出发，求解均衡。B 国购买者和出售者的最优化问题可使用类似的方法推导而得。

假设 A 国购买者在 CM 阶段可以 κ^j 的固定成本伪造货币 j，$j=A,B$。购买者进入 DM 阶段时持有 m_a 单位的 A 国真币，z_a 单位的 A 国假币，m_b 单位的 B 国真币和 z_b 单位的 B 国假币。在 DM 阶段的议价博弈中，购买者提出“接受或离开”的报价 $\omega=(q,d_a,d_b)$，其中，d_a 和 d_b 分别代表两国真币和假币的总支付量。因此，购买者将获得全部的交易剩余。货币支付的可行性约束为 $d_a\leqslant m_a+z_a$，$d_b\leqslant m_b+z_b$。

令 $\eta_a(\omega)\in[0,1]$ 和 $\eta_b(\omega)\in[0,1]$ 分别代表购买者所持两国货币是真币的概率，$\pi(\omega)\in[0,1]$ 代表出售者接受报价 ω 的概率，$\hat{\pi}(\omega)$ 代表购买者对于报价 ω 被接受概率 $\pi(\omega)$ 的信念。那么给定购买者的策略 $[\omega,\eta_a(\omega),\eta_b(\omega)]$，货币持有量为 (m_a,z_a,m_b,z_b) 的购买者在 DM 阶段的值函数可表达为

$$V^b(m_a+z_a,m_b+z_b)=\sigma\hat{\pi}(\omega)\left\{u(q)+W^b\left[\eta_a(\omega)\left(m_a+z_a-d_a+\left(1-\frac{1}{\gamma^A}\right)Z^A\right),\eta_b(\omega)(m_b+z_b-d_b)\right]\right\}+[1-\sigma\hat{\pi}(\omega)]W^b\left[\eta_a(\omega)(m_a+z_a+\left(1-\frac{1}{\gamma^A}\right)Z^A),\eta_b(\omega)(m_b+z_b)\right]$$

其中，等式右侧的第一项是报价 ω 在配对交易中被出售者接受时的购买者价值，第二项是报价 ω 被拒绝或匹配失败时的购买者价值。$\left(1-\frac{1}{\gamma^A}\right)Z^A$ 代表 A 国货币当局对 A 国购买者的货币转移。

令 m_a 和 m_b 分别代表购买者在 CM 阶段的货币转移后所持有的两国真币数量，m_a' 和 m_b' 分别代表购买者离开 CM 阶段时的两国真币持有量，z_a' 和 z_b' 分别代表购买者离开 CM 阶段时的两国假币持有量。那么，购买者在 CM 阶段将选择$[x,n,\eta_a(\omega),\eta_b(\omega),m_a'+z_a',m_b'+z_b']$来求解以下最优化问题：

$$W^b(m_a,m_b)=\max\{x-n-\kappa^A[1-\eta_a(\omega)]-\kappa^B[1-\eta_b(\omega)]+\beta V^b(m_a'+z_a',m'_b+z_b')\}$$

$$\text{s. t.}\quad x+\phi^A m_a'+\phi^B m_b'=n+\phi^A m_a+\phi^B m_b$$

将预算约束代入目标函数可得 $W^b(m_a,m_b)=\phi^A m_a+\phi^B m_b+W^b(0,0)$。将购买者在 DM 阶段的值函数代入上述最优化问题，整理得到

$$\max_{\omega,m_a',m_b',\eta_a(\omega),\eta_b(\omega)}\{-(\phi^A-\beta\phi^A_{+1})m_a'-(\phi^B-\beta\phi^B_{+1})m_b'-\kappa^A[1-\eta_a(\omega)]-\kappa^B[1-\eta_b(\omega)]+\beta\sigma\hat{\pi}_{+1}(\omega)[u(q_{+1})-\eta_a(\omega)\phi^A_{+1}d_a'-\eta_b(\omega)\phi^B_{+1}d_b']\}$$

其中，1 单位货币 j 的持有成本为 $\phi^j/\phi^j_{+1}-\beta>0$。购买者选择最优的报价

和货币持有量来平衡货币 j 的持有成本、伪造成本和 DM 阶段的预期交易剩余。

出售者无法分辨购买者支付的是真币还是假币。因此，他们需要对货币的真假构建相应的信念体系，而后再决定是否接受购买者的报价。给定报价 ω，令$\widehat{\eta_a}(\omega)$和$\widehat{\eta_b}(\omega)$分别代表出售者在得知此报价后对于两国货币真假的信念。那么，出售者的最优化问题可写作

$$\max_{\pi(\omega)}\pi(\omega)\{-c(q)+W^s[\widehat{\eta_a}(\omega)d_a,\widehat{\eta_b}(\omega)d_b]\}+[1-\pi(\omega)]W^s(0,0)$$

其中，W^s 代表出售者在 CM 阶段的值函数，$\pi(\omega)$代表出售者接受报价 ω 的概率。

出售者在 DM 阶段无须使用货币，故他们的货币持有量为 0。因此，出售者在 DM 阶段的值函数为

$$V^s(0,0)=\max_{\pi(\omega)}\sigma\pi(\omega)\{-c(q)+W^s(\widehat{\eta_a}(\omega)d_a,\widehat{\eta_b}(\omega)d_b)\}+ \\ [1-\sigma\pi(\omega)]W^s(0,0)$$

其中，$W^s(0,0)$是出售者拒绝报价 ω 或匹配失败后的收益。

真币持有量为(m_a,m_b)的出售者在 CM 阶段的最优化问题为

$$W^s(m_a,m_b)=\max_{x,n}\ x-n+\beta V^s(0,0)$$
$$\text{s. t.}\ \ x=n+\phi^A m_a+\phi^B m_b$$

将出售者的预算约束代入最优化问题可得 $W^s(m_a,m_b)=\phi^A m_a+\phi^B m_b+W^s(0,0)$。将出售者在 DM 阶段的值函数代入上述最优化问题，整理得到

$$W^s(m_a,m_b)=\phi^A m_a+\phi^B m_b+\beta W^s(0,0)+\max_{\pi_{+1(\omega)}}\{\sigma\beta\pi_{+1(\omega)}[-c(q')+ \\ \widehat{\eta_a}(\omega)\phi^A_{+1}d'_a+\widehat{\eta_b}(\omega)\phi^B_{+1}d'_b]\}$$

接下来，我们将求解买卖双方在 DM 阶段的博弈结果。出售者不能区分真币与假币，但购买者知道他所持货币的真伪，因此，交易双方存在

信息不对称。在货币伪造博弈中，事件和决策发生次序如下：（1）购买者在CM阶段提出报价 $\omega=(q',d'_a,d'_b)$，并承诺在接下来的DM阶段使用此报价；（2）购买者在CM阶段确定伪造货币的概率 $1-\eta_a(\omega)$，$1-\eta_b(\omega)\in[0,1]$；（3）购买者确定CM阶段的劳动量和对一般性商品的消费量，并选择代入下期DM阶段的货币持有量 (m'_a,z'_a,m'_b,z'_b)，（4）购买者进入下期的DM阶段，以 σ 的概率与出售者进行匹配；（5）出售者根据报价 ω 进行交易决策，确定接受此报价的概率 $\pi(\omega)$，$\pi(\omega)\in[0,1]$。

我们使用逆向归纳法来求解货币伪造博弈。在博弈的最后一步，给定购买者的报价 ω 和出售者关于伪造概率的信念 $[\widehat{\eta_a}(\omega),\widehat{\eta_b}(\omega)]$，出售者选择混合策略 π 来最优化自己的收益

$$\pi_{+1}(\omega)\in\{\underset{\pi_{+1}(\omega)\in[0,1]}{\operatorname{argmax}}\ \pi_{+1}(\omega)[-c(q')+\phi^A_{+1}\widehat{\eta_a}(\omega)d'_a+\phi^B_{+1}\widehat{\eta_b}(\omega)d'_b]\}$$

在博弈的倒数第二步，给定之前的承诺报价 ω 以及购买者关于出售者接受该报价概率的信念 $\hat{\pi}(\omega)$，购买者选择伪造货币的概率 $[\eta_a(\omega),\eta_b(\omega)]$ 来求解以下成本最小化问题：

$$\min_{\eta_a(\omega),\eta_b(\omega)} -\kappa^A[1-\eta_a(\omega)]-\kappa^B[1-\eta_b(\omega)]-(\phi^A-\beta\phi^A_{+1})m'_a-$$
$$(\phi^B-\beta\phi^B_{+1})m'_b-\beta\sigma\,\widehat{\pi_{+1}}(\omega)[\eta_a(\omega)\phi^A_{+1}d'_a+\eta_b(\omega)\phi^B_{+1}d'_b]$$

在博弈的第一步，给定后续步骤的 $[\widehat{\eta_a}(\omega),\widehat{\eta_b}(\omega),\hat{\pi}(\omega)]$，购买者提出“接受或离开”的报价 $\omega=(\widehat{q'},\widehat{d'_a},\widehat{d'_b})$ 来求解以下最大化问题：

$$\max_{\widehat{q'},\widehat{d'_a},\widehat{d'_b}} -\kappa^A[1-\eta_a(\omega)]-\kappa^B[1-\eta_b(\omega)]-(\phi^A-\beta\phi^A_{+1})m'_a-$$
$$(\phi^B-\beta\phi^B_{+1})m'_b+\beta\sigma\,\widehat{\pi_{+1}}(\omega)[u(\widehat{q'})-\eta_a(\omega)\phi^A_{+1}\widehat{d'_a}-\eta_b(\omega)\phi^B_{+1}\widehat{d'_b}]$$

定理 5.1 货币伪造博弈的均衡满足条件。（1）出售者接受购买者的报价 ω：$\hat{\pi}(\omega)=\pi(\omega)=1$。（2）购买者不制造假币：$[\widehat{\eta_a}(\omega),\widehat{\eta_b}(\omega)]=[\eta_a(\omega),\eta_b(\omega)]=(1,1)$。（3）购买者提出的报价是以下最优化问题的唯一解：

$$\max_{q,d_a,d_b}\{-(\phi_{-1}^A-\beta\phi^A)m_a-(\phi_{-1}^B-\beta\phi^B)m_b+\beta\sigma[u(q)-\phi^Ad_a-\phi^Bd_b]\}$$

$$\text{s. t.}\quad 0\leqslant d_a\leqslant m_a$$

$$0\leqslant d_b\leqslant m_b$$

$$\phi^Ad_a-\phi^Bd_b-c(q)\geqslant 0$$

$$\phi^Ad_a\leqslant\frac{\kappa^A}{\phi_{-1}^A/\phi^A-\beta(1-\sigma)}$$

$$\phi^Bd_b\leqslant\frac{\kappa^B}{\phi_{-1}^B/\phi^B-\beta(1-\sigma)}$$

购买者在均衡中不会制造假币，因此，当 $\phi_{-1}^A/\phi^A>\beta$，$\phi_{-1}^B/\phi^B>\beta$ 时，$z_a=z_b=0$，$d_a=m_a$，$d_b=m_b$。若购买者决定制造假币，那么造假的边际成本为0，而持有真币的边际成本为正，此时，$m_a=m_b=0$。当购买者持有真币时，他不会提出出售者会拒绝的报价；对于出售者拒绝的报价，购买者不会支付制造假币的成本。因此 $\hat{\pi}(\omega)=1$。

令 $W^b[\eta_a,\eta_b]$代表采取纯策略$[\eta_a(\omega),\eta_b(\omega)]\in\{0,1\}$的购买者的价值，那么 $\eta_a=\eta_b=1$ 对应无假币均衡。不制造假币是最优策略意味着$W^b[1,1]\geqslant W^b[0,1],W^b[1,0],W^b[0,0]$。$W^b[1,1]\geqslant W^b[0,1]$可展开为

$$\begin{aligned}&-(\phi_{-1}^A-\beta\phi^A)d_a-(\phi_{-1}^B-\beta\phi^B)d_b+\beta\sigma[u(q)-\phi^Ad_a-\phi^Bd_b]\\&\geqslant-\kappa^A-(\phi_{-1}^B-\beta\phi^B)d_b+\beta\sigma[u(q)-\phi^Bd_b]\end{aligned}$$

化简可得货币 A 的无假币约束 $\phi^Ad_a\leqslant\kappa^A/[\phi_{-1}^A/\phi^A-\beta(1-\sigma)]$。类似地，将 $W^b[1,1]\geqslant W^b[1,0]$展开并化简可得货币 B 的无假币约束 $\phi^Bd_b\leqslant\kappa^B/[\phi_{-1}^B/\phi^B-\beta(1-\sigma)]$。此外，若 $W^b[1,1]\geqslant W^b[0,1]$和 $W^b[1,1]\geqslant W^b[1,0]$都成立，则 $W^b[1,1]\geqslant W^b[0,0]$自然成立。

从上述分析可知，为了防止假币的制造，出售者需要对他愿意接受的每种货币总量设定上界。若出售者愿意接受的货币总量超过此上

界，那么真币的持有成本过高，使得购买者选择制造假币。此时，购买者增加假币持有量的边际成本为0，因此，在均衡中，增加假币持有量的边际收益也应等于0。这意味着超过上界的报价(d_a,d_b)不会被出售者接受。

接下来，我们把货币伪造博弈的结果嵌入购买者的动态优化问题。购买者在DM阶段的最优化问题为

$$\max_{q,d_a,d_b,m_a,m_b}\{-(\phi_{-1}^A-\beta\phi^A)m_a-(\phi_{-1}^B-\beta\phi^B)m_b+\beta\sigma[u(q)-\phi^A d_a-\phi^B d_b]\}$$

$$\text{s.t.}\quad 0\leqslant d_a\leqslant m_a$$

$$0\leqslant d_b\leqslant m_b$$

$$\phi^A d_a-\phi^B d_b-c(q)=0$$

$$\phi^A d_a\leqslant\frac{\kappa^A}{\phi_{-1}^A/\phi^A-\beta(1-\sigma)}$$

$$\phi^B d_b\leqslant\frac{\kappa^B}{\phi_{-1}^B/\phi^B-\beta(1-\sigma)}$$

当$\Pi^A>\beta$，$\Pi^B>\beta$时，持有真币是有成本的，因此，购买者不会持有在交易中不打算使用的货币，即$d_a=m_a$，$d_b=m_b$。令λ_a和λ_b分别代表两种货币的无假币约束的拉格朗日乘子，则购买者最优化问题的一阶条件为

$$\beta\sigma\left[1-\frac{u'(q)}{c'(q)}\right]=-\left(\frac{\phi_{-1}^A}{\phi^A}-\beta\right)-\lambda_a$$

$$\beta\sigma\left[1-\frac{u'(q)}{c'(q)}\right]=-\left(\frac{\phi_{-1}^B}{\phi^B}-\beta\right)-\lambda_b$$

在下面的分析中，我们首先假设两国是对称的，即$\kappa^A=\kappa^B=\widetilde{\kappa^A}=\widetilde{\kappa^B}$，$\gamma^A=\gamma^B$，其中，$\widetilde{\kappa^A}$和$\widetilde{\kappa^B}$代表B国购买者伪造两种货币的固定成本。

定理5.2　若$\lambda_a=\lambda_b>0$，则$e=M^A/M^B$。

若两国的无假币约束是紧的，那么即使两国货币的伪造成本和收益

率完全相同，即两国货币是完全对称的，名义汇率在均衡中也可确定。这打破了卡雷肯和华莱士（1981）提出的名义汇率不确定的结论。购买者的私人信息使其面临着内生性的流动性约束。若造假成本过低或持有真币的成本过高，购买者将选择制造假币。为了抵消这一动机，出售者需要对他们愿意接受的货币支付量设定上界。购买者持有真实价值为 $2\kappa/[\Pi-\beta(1-\sigma)]$ 的货币量进入 DM 阶段，但流动性约束使得他们不能自由地在两种货币间进行替换，每种货币的真实支付量不能超过 $\kappa/[\Pi-\beta(1-\sigma)]$。因此，流动性约束确定了购买者的货币持有量构成，并最终决定了均衡的名义汇率。①

以上得到的货币伪造博弈的结果与斯托克曼（Stockman，1980）和卢卡斯（1982）的两国货币先行（CIA）模型类似，但也存在一些关键区别。首先，本模型的结论只限于某些参数取值范围。其次，在标准的货币先行模型中，每笔交易只采用一种货币进行结算，而本模型中两种货币都被用于 DM 阶段的支付。

若两国货币政策都满足弗里德曼准则 $\Pi=\beta$，此时，购买者的一阶条件为

$$\lambda=\beta\sigma\left[\frac{u'(q)}{c'(q)}-1\right]>0$$

这意味着均衡中的产量 q 低于福利最优的 q^*。因此，在伪币的威胁下，弗里德曼准则不足以保证均衡的有效性。

定理 5.3 若 $\lambda_a=\lambda_b=0$，则 e 在均衡中是不确定的。

若无假币约束是松的，此时，购买者可以自由地将两国货币进行替

---

① 假设 A 国的假币制造成本为 $\kappa^A=\kappa^B=\kappa$，B 国的假币制造成本为 $\widetilde{\kappa^A}=\widetilde{\kappa^B}=\widetilde{\kappa}$，但 $\kappa\neq\widetilde{\kappa}$。此时，两国货币在一国境内是完全替代品，但在不同国家 DM 阶段之间不是完全替代品。若流动性约束在均衡中都是紧的，此时，名义汇率为 $e=\kappa M^A\ \widetilde{\kappa}M^B$，即两国伪造货币的相对成本对名义汇率有直接的影响，尽管在均衡中并无伪造货币的行为发生。

换，其货币持有量的结构是不确定的，因此，均衡汇率也是不确定的。

定理 5.4　假设 A 国通胀率高于 B 国通胀率($\Pi^A > \Pi^B$)：(1) 若两种货币的流动性约束都是松的($\lambda_a = \lambda_b = 0$)，或是只有高通胀货币的流动性约束是紧的($\lambda_a > \lambda_b = 0$)，则存在一个只有低通胀货币作为交易媒介的货币均衡；(2) 若只有低通胀货币的流动性约束是紧的($\lambda_b > \lambda_a = 0$)，则存在一个两种货币同时作为交易媒介的货币均衡。此时，名义汇率是确定的：

$$e = \frac{M^A}{M^B} \frac{\kappa^B}{c(q)[\Pi^B - \beta(1-\sigma)] - \kappa^B}$$

其中，q 是等式$(\Pi^A - \beta)/\sigma\beta = u'(q)/c'(q) - 1$ 的解。(3) 若两种货币的流动性约束都是紧的($\lambda_a > 0, \lambda_b > 0$)，则存在两种货币同时作为交易媒介的唯一货币均衡。此时，名义汇率是确定的：

$$e = \frac{\kappa^B M^A}{\kappa^A M^B} \frac{\Pi^A - \beta(1-\sigma)}{\Pi^B - \beta(1-\sigma)}$$

定理 5.4 将以上对称情形下的结论拓展至一般性的非对称情形。随着 B 国通胀率 Π^B 的下降，名义利率 e 升高，货币 B 升值，货币 A 贬值。这与国际货币经济学的标准结果一致。若伪造 B 国货币的成本 κ^B 增加，则名义利率 e 升高，货币 B 也会升值。

在定理 5.4 的情形 (2) 中，尽管 A 国通胀率更高，但货币 A 依旧成为了唯一的交易媒介。这是由于在均衡中，伪造货币 A 的成本较高，而伪造货币 B 的成本较低。出于伪币的考虑，尽管持有货币 B 的收益更高，出售者依然会对货币 B 的接受量设置上限。出售者在一定的范围内首先接受货币 B 作为支付方式，对于超出此范围的支付将采用货币 A 完成。

5.2 货币识别

接下来，我们考虑购买者可以无成本地伪造货币，而出售者需要付出成本来识别外国货币的情形。莱斯特等（Lester et al.，2012）在封闭经济中探讨了资产可识别度对于资产流动性的影响。张（Zhang，2014）将其拓展至两国两货币模型，用于研究国际货币体系和汇率问题。本节将对此模型进行简要介绍。

5.2.1 模型设定与求解

我们采取与第4章类似的两国两货币模型框架。令(m_a, m_b)代表某j国购买者的两国货币持有量，令$W^j(\phi^A m_a, \phi^B m_b)$和$V^j(\phi^A m_a, \phi^B m_b)$分别代表该购买者在CM阶段和DM阶段的值函数。

出售者分为私人出售者和政府出售者两类。私人出售者可以选择接受的货币种类，而政府出售者的货币接受规则τ是外生给定的。j国的政府出售者所占比例为$g_j \in [0,1]$，假设政府出售者只接受本国货币。

私人出售者只接受他们可识别的货币。假设本国货币是可完全识别的，但j国私人出售者需要支付固定成本κ^j来识别外国货币的真伪。[①] 出售者是否选择支付识别成本在匹配交易中是公共信息。若私人出售者选择支付识别成本，那么本币和外币在交易中都会被接受。

---

① 例如，企业需要投资购买相应的仪器来检验外国纸币的真伪。

我们使用比例议价来确定 DM 阶段的博弈均衡。比例议价使得出售者能够获得固定比例的交易剩余来对其前期的货币识别成本进行补偿。令$\theta \in (0,1]$代表购买者的议价能力，以买卖双方的续营价值作为议价的威胁点。用(q,d)代表私人出售者与购买者的议价结果，用(Q,D)代表政府出售者与购买者的议价结果。

货币持有量为(m_a,m_b)的 A 国购买者与只接受本国货币的j国私人出售者之间的博弈问题为

$$\max_{q,d} \ u(q)-c(q)$$
$$\text{s. t. } \ d=(1-\theta)u(q)+\theta c(q)\leqslant \phi^j m_j$$

定义函数$p(q)\equiv(1-\theta)u(q)+\theta c(q)$，则最优产量$q_A$是等式$p(q)=\min[p(q^*),\phi^j m_j]$的解。若购买者持有的可识别货币的真实价值足以购买福利最优产量q^*，那么购买者将支付$p(q^*)$。若购买者持有的可识别货币的真实价值不足，那么购买者将支付所有的可识别货币来购买产量$q_j<q^*$。类似地，A 国购买者与j国政府出售者的博弈结果$[Q_j(\tau),D_j(\tau)]$满足：$D_j(\tau)=p[Q_j(\tau)]=\min[p(q^*),\phi^j m_j]$。

若j国私人出售者支付了货币识别成本，愿意同时接受两国货币，此时，他与 A 国购买者之间的博弈问题为

$$\max_{q,d}[u(q)-c(q)]$$
$$\text{s. t. } \ d=(1-\theta)u(q)+\theta c(q)\leqslant \phi^A m_a+\phi^B m_b$$

此时，最优产量q_j^b是等式$p(q)=\min[d(q^*),\phi^A m_a+\phi^B m_b]$的解。

我们用$\lambda_j\in[0,1]$代表出售者的策略。若$\lambda_j=0$，则j国的私人出售者拒绝外币支付。若$\lambda_j=1$，则j国的私人出售者接受外币支付。若$\lambda_j\in(0,1)$，则外国货币在部分交易中被接受。若j国的私人出售者拒绝接受外国货币，则他的预期收益为

$$\Pi_j \equiv (1-\theta)\{\mu^{Aj}[u(q_j)-c(q_j)]+\mu^{Bj}[u(\widehat{q_j})-c(\widehat{q_j})]\}$$

其中，μ^{ij}代表i国购买者与j国出售者成功匹配的概率，$(1-\theta)$是出售者的议价能力，q_j代表A国购买者在DM阶段的产量，$\widehat{q_J}$代表B国购买者在DM阶段的产量。若j国的私人出售者支付了外币识别成本，同时接受两国货币，那么预期收益为

$$\Pi_j^b \equiv -\kappa^j+(1-\theta)\{\mu^{Aj}[u(q_j^b)-c(q_j^b)]+\mu^{Bj}[u(\widehat{q_J^b})-c(\widehat{q_J^b})]\}$$

因此，j国的私人出售者选择接受外国货币的收益为

$$\Delta_j \equiv \Pi_j^b-\Pi_j=-\kappa^j+(1-\theta)\{\mu^{Aj}[S(q_j^b)-S(q_j)]+\mu^{Bj}[S(\widehat{q_J^b})-S(\widehat{q_J})]\}$$

其中，$S(\cdot)$代表DM阶段的交易剩余。若$\Delta_j>0$，则j国的私人出售者选择接受外国货币；若$\Delta_j<0$，则j国的私人出售者拒绝接受外国货币；若$\Delta_j=0$，则j国的私人出售者以任意概率接受外国货币。私人出售者的最优策略为

$$\lambda_j=\begin{cases}1 & \Delta_j>0\\ \in[0,1] & \Delta_j=0\\ 0 & \Delta_j<0\end{cases}$$

根据上述博弈结果，A国购买者在DM阶段的值函数为

$$\begin{aligned}V^A(\phi^A m_a,\phi^B m_b)=\phi^A m_a+\left(1-\frac{1}{\gamma^A}\right)Z^A+\phi^B m_b+W^A(0,0)+\\ \mu^{AA}\{(1-g_A)\theta[\lambda_A S(q_A^b)+(1-\lambda_A)S(q_A)]+\\ g_A\theta S[Q_A(\tau)]\}+\mu^{AB}\{(1-g_B)\theta[\lambda_B S(q_B^b)+\\ (1-\lambda_B)S(q_B)]+g_B\theta S[Q_B(\tau)]\}\end{aligned}$$

令$i^j=(\phi^j/\phi^{j'})/\beta-1$代表$j$国（在DM阶段不流通的）名义债券的利率。那么A国购买者货币持有量的最优选择为

$$\max_{\phi^A m_a, \phi^B m_b} \mu^{AA}\{(1-g_A)\theta[\lambda_A S(q_A^b)+(1-\lambda_A)S(q_A)]+g_A\theta S[Q_A(\tau)]\}+$$
$$\mu^{AB}\{(1-g_B)\theta[\lambda_B S(q_B^b)+(1-\lambda_B)S(q_B)]+g_B\theta S[Q_B(\tau)]\}-$$
$$i^A\phi^A m_a - i^B\phi^B m_b$$

其中，式中第一项是 A 国购买者在国内交易中的剩余，第二项是 A 国购买者在跨境中的剩余，$-i^A\phi^A m_a - i^B\phi^B m_b$ 代表持有两种货币的成本。

若 A 国购买者在均衡中同时持有两国货币，则一阶条件为

$$i^A=\mu^{AA}\{(1-g_A)[\lambda_A L(q_A^b)+(1-\lambda_A)L(q_A)]+g_A L[Q_A(\tau)]\}+$$
$$\mu^{AB}(1-g_B)[\lambda_B L(q_B^b)]$$
$$i^B=\mu^{AA}(1-g_A)[\lambda_A L(q_A^b)]+\mu^{AB}\{(1-g_B)[\lambda_B L(q_B^b)+$$
$$(1-\lambda_B)L(q_B)]+g_B L[Q_B(\tau)]\}$$

其中，流动性溢价方程 $L(\cdot)$ 的形式为

$$L(\cdot)=\frac{\theta[u'(\cdot)-c'(\cdot)]}{\theta c'(\cdot)+(1-\theta)u'(\cdot)}$$

它代表购买者使用额外 1 单位财富购买 DM 阶段特殊商品所得的边际收益。$L(\cdot)$ 关于特殊商品的产量单调递减，即 $L'(\cdot)<0$，$\forall q\in[0,q^*]$。在均衡中，持有货币的边际流动性收益等于其持有成本。类似地，若 B 国购买者在均衡中同时持有两国货币，则一阶条件为

$$i^A=\mu^{BB}(1-g_B)[\lambda_B L(\widehat{q_B^b})]+\mu^{BA}\{(1-g_A)[\lambda_A L(\widehat{q_A^b})+$$
$$(1-\lambda_A)L(\widehat{q_A})]+g_A L[\widehat{Q_A(\tau)}]\}$$
$$i^B=\mu^{BA}(1-g_A)[\lambda_A L(\widehat{q_A^b})]+\mu^{BB}\{(1-g_B)[\lambda_B L(\widehat{q_B^b})+$$
$$(1-\lambda_B)L(\widehat{q_B})]+g_B L[\widehat{Q_B(\tau)}]\}$$

其中，$\widehat{Q_A(\tau)}$ 和 $\widehat{Q_B(\tau)}$ 分别代表 B 国购买者与两国政府出售者的匹配交易中特殊商品的产量。

此外，市场出清条件为 $m_a+N\widehat{m_a}=M^A$，$m_b+N\widehat{m_b}=M^B$。

5.2.2 货币模式

我们用组合(λ_A,λ_B)代表国际货币模式。$(0,0)$意味着两国的私人出售者都不接受外国货币，两国货币都只在本国内使用，记为模式N。$(0,\lambda_B)$意味着B国的私人出售者愿意接受货币A，此时，货币A成为国际货币，记为模式I_A。$(\lambda_A,0)$意味着A国的私人出售者愿意接受货币B，此时，货币B成为国际货币，记为模式I_B。$(1,1)$意味着两国的私人出售者都愿意接受外国货币，两国货币均为国际货币，记为模式U。①

模式N与传统国际宏观经济学模型的设定相一致。此时私人出售者与政府出售者的货币接受策略一致，因此，均衡条件满足$i^A=\mu^{AA}L(q_A)$，$i^B=\mu^{AB}L(q_B)$，与g_A和g_B无关。两国私人出售者均不接受外国货币意味着$\Delta_A<0$，$\Delta_B<0$，这要求两国识别外国货币的成本不能太低，即

$$\kappa^A>\overline{\kappa^A}\equiv(1-\theta)\{\mu^{AA}[S(q_A^b)-S(q_A)]+\mu^{BA}[S(\widehat{q_A^b})-S(\widehat{q_A})]\}$$

$$\kappa^B>\overline{\kappa^B}\equiv(1-\theta)\{\mu^{AB}[S(q_B^b)-S(q_B)]+\mu^{BB}[S(\widehat{q_B^b})-S(\widehat{q_B})]\}$$

此外，内点解要求条件$i^A<\overline{i^A}\equiv\mu^{AA}\theta/(1-\theta)$，$i^B<\overline{i^B}\equiv\mu^{AB}\theta/(1-\theta)$成立。购买者同时持有两种货币，在不同的配对交易中使用相应的货币进行支付。

在模式I_A中，货币B只被本国出售者接受，而货币A被所有私人出售者接受。在这一模式下，既存在纯策略均衡$(0,1)$，也存在混合策略均衡$(0,\lambda_B)$，其中$\lambda_B\in(0,1)$。此时，均衡条件满足：

---

① 在第4章中，我们依据购买者持有的货币种类来定义货币模式。而此处，我们依据出售者所接受的货币种类来定义货币模式。

$$i^{A}=\mu^{AA}L(q_{A})+\mu^{AB}(1-g_{B})\lambda_{B}L(q_{B}^{b})$$

$$i^{B}=\mu^{AB}\{(1-g_{B})[\lambda_{B}L(q_{B}^{b})+(1-\lambda_{B})L(q_{B})]+g_{B}L[Q_{B}(\tau)]\}$$

g_A 未出现在均衡条件中，因此，A 国政府出售者的比例对两国货币的均衡价值无影响。这是因为在模式 I_A 中，A 国私人出售者不接受外国货币，因此，A 国私人出售者与政府出售者的决策一致。图 5.2 分析了 B 国政府出售者的比例对均衡货币模式的影响。[①] 只要 $g_B<1$，B 国政府出售者只接受本国法定货币的政策就无法杜绝外国货币的流通。此外，即使没有政府出售者的参与，即 $g_B=0$，本国货币也可能与外国货币同时作为交易媒介。

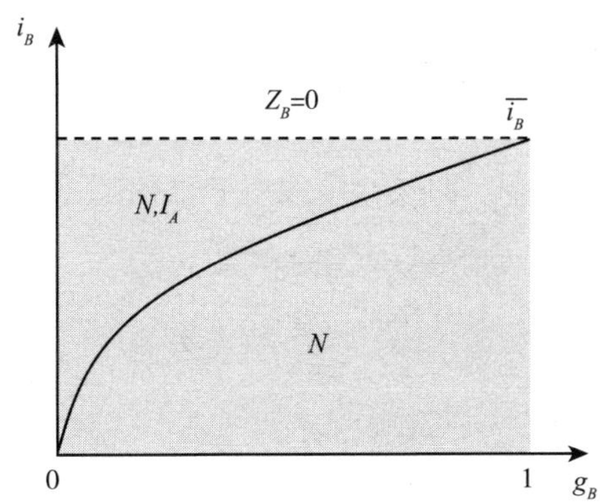

图 5.2　通胀率与政府出售者对货币模式的影响

资料来源：Zhang C.，An information-based theory of international currency ［J］. Journal of International Economics，2014，93（2）：286－301.

图 5.2 还分析了 B 国通胀率对货币模式的影响。当 B 国货币政策接近弗里德曼准则时，$i_B\to 0$，特殊商品的产量接近 q^*，此时，接受其他货币作为交易媒介的潜在收益很小，因此，货币模式为 N。随着 B 国通胀

① 政府部门接受的支付手段会对私人部门接受的支付手段产生影响。这一观点最早可追溯至史密斯（Smith，1963）和勒纳（Lerner，1947）。阿亚加利和华莱士（Aiyagari and Wallace，1997）、李和莱特（1998）首先在货币搜寻模型中研究了这一机制。

率的增加，持有本国货币的成本升高，这使得 ϕ^B 下降，ϕ^A 上升，提高了 B 国私人出售者支付外币识别成本以获取更多信息的动机，从而引发多种均衡货币模式。历史上，货币替换通常发生在本国通胀水平较高的时期，如拉丁美洲和亚洲的一些国家。美元化现象在通胀恢复正常水平后会持续存在，这与本模型的多种均衡模式一致。

在模式 I_A 中，B 国私人出售者接受货币 A，但 A 国私人出售者不接受货币 B，因此，$\Delta_A \leqslant 0$，$\Delta_B \geqslant 0$，即

$$\kappa^A \geqslant \overline{\overline{\kappa^A}} \equiv (1-\theta)\{\mu^{AA}[S(q_A^b)-S(q_A)]+\mu^{BA}[S(\widehat{q_A^b})-S(\widehat{q_A})]\}$$

$$\kappa^B \leqslant \widetilde{\kappa^B} \equiv (1-\theta)\{\mu^{AB}[S(q_B^b)-S(q_B)]+\mu^{BB}[S(\widehat{q_B^b})-S(\widehat{q_B})]\}$$

B 国私人出售者愿意接受货币 A，意味着识别外币的成本 κ^B 小于 DM 阶段交易剩余的预期增加幅度。图 5.3 展示了 B 国私人出售者的策略 λ_B 与识别成本 κ^B 之间的关系。两条水平线对于取值居中的识别成本 κ^B 有重叠，在此区间内模式 I_A 和模式 N 同时存在。模式 I_B 下的均衡可用类似的方法推导得出。

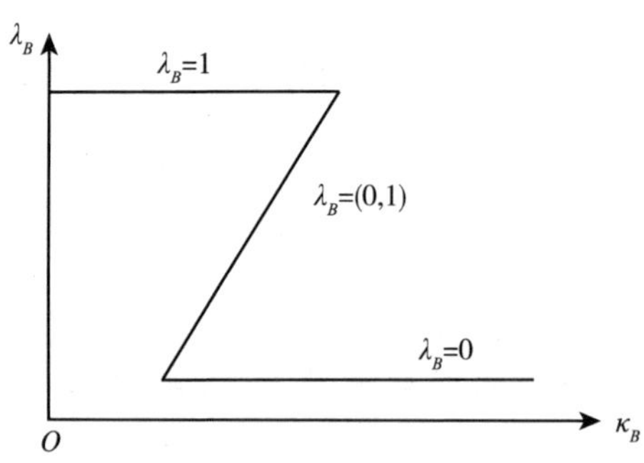

图 5.3　B 国出售者的策略

资料来源：Zhang C.，An information-based theory of international currency [J]. Journal of International Economics，2014，93（2）：286－301.

在模式 U 下，两国私人出售者都愿意接受外国货币，$\lambda=(1,1)$，因此，两国货币都是国际货币。此时的均衡条件为

$$i^A = \mu^{AA}(1-g_A)L(q_A^b) + \mu^{AB}(1-g_B)L(q_B^b) + \mu^{AA}g_A L[Q_A(\tau)]$$

$$i^B = \mu^{AA}(1-g_A)L(q_A^b) + \mu^{AB}(1-g_B)L(q_B^b) + \mu^{AB}g_B L[Q_B(\tau)]$$

若不存在政府出售者($g_A = g_B = 0$)，则两国利率必定相等 $i^A = i^B$。此时，满足市场出清条件的货币持有量不唯一，因此，汇率是无法确定的。两国私人出售者都愿意持有外国货币意味着 $\Delta_A > 0$，$\Delta_B > 0$，即

$$\kappa^A < \widetilde{\widetilde{\kappa^A}} \equiv (1-\theta)\{\mu^{AA}[S(q_A^b) - S(q_A)] + \mu^{BA}[S(\widehat{q_A^b}) - S(\widehat{q_A})]\}$$

$$\kappa^B < \widetilde{\widetilde{\kappa^B}} \equiv (1-\theta)\{\mu^{AB}[S(q_B^b) - S(q_B)] + \mu^{BB}[S(\widehat{q_B^b}) - S(\widehat{q_B})]\}$$

在模式 U 下，最优产量 q^* 可在弗里德曼准则下实现，但由于私人出售者需要支付货币识别成本 $\kappa^A, \kappa^B > 0$，故这一均衡并非社会福利最优。

假设货币识别成本 κ^A 与 κ^B 的取值居中，使得四种货币模式都可能存在。图5.4考察了两国通胀率对均衡货币模式的影响。只要两国货币的持有成本不过高，即 $\gamma^A < \overline{\gamma^A}$，$\gamma^B < \overline{\gamma^B}$，那么模式 N 总是存在。当 $\gamma^A < \widetilde{\gamma^A}$ 时，持有货币A的回报率足够高，使得B国私人出售者愿意接受货币A，此时，存在仅货币A作为国际货币的模式 I_A。相应地，当 $\gamma^B < \widetilde{\gamma^B}$ 时，持有货币B的回报率足够高，使得A国私人出售者愿意接受货币B，此时，

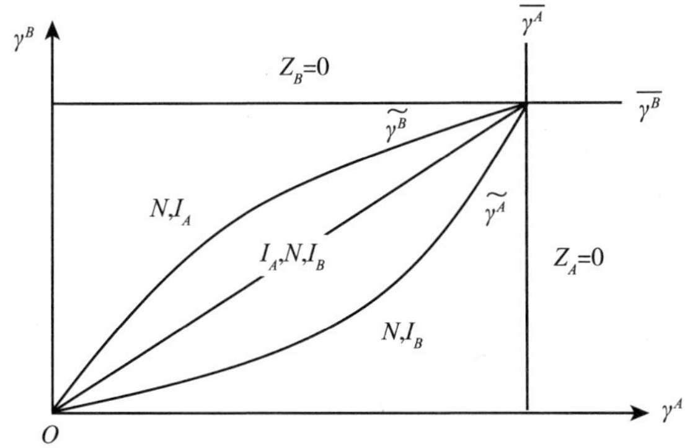

图5.4　货币识别模型在(γ^A, γ^B)空间中的货币模式

资料来源：Zhang C., An information-based theory of international currency [J]. Journal of International Economics, 2014, 93 (2): 286-301.

存在仅货币 B 作为国际货币的模式 I_B。在 45 度线上，两国货币的回报率相等，此时，存在两国货币同时作为国际货币流通的模式 U。

购买者和出售者的战略性互动导致了多重均衡。出售者接受何种货币取决于购买者持有何种货币，购买者持有何种货币取决于出售者接受何种货币。若出售者更愿意接受某种货币，该货币的流动性和真实价值将增加，使得购买者更愿意持有该货币，从而进一步推高货币的价值，最终使得出售者在交易中更愿意去接受它。买卖双方的战略互补性引发了多重均衡，最终的均衡货币模式不仅依赖于经济基本面，同时也取决于经济主体对他人行为的预期。

5.2.3 货币政策博弈

与第 4 章不同，在此模型中一国福利由三部分构成：DM 阶段的交易剩余、铸币税收益和外币识别成本。一国货币成为国际货币将从两方面提高社会福利：一是外国购买者持有本国货币带来的铸币税收益；二是交易媒介增加使得 DM 阶段的国际贸易量上升，从而带来福利增益。因此，一国货币成为国际货币一定会带来该国社会福利的改善。然而，其他国家是否会因此受益将取决于铸币税损失、外币识别成本，以及交易量增加所带来的福利增益的相对大小。

接下来，我们将分析两国货币当局之间的货币政策博弈。与第 4 章不同，此模型中存在多重均衡，因此，博弈将分为两个阶段：在第一阶段，两国货币当局选择各自的通胀率 γ^A 和 γ^B；在第二阶段，各国居民确定他们的货币识别策略、贸易条件、货币持有量及其构成。对于多阶段博弈，我们将采取子博弈精炼均衡（subgame perfect equilibrium）的概念，并使用逆向归纳法进行求解。

由于第二阶段的博弈具有多重均衡，我们需要设定相应的均衡选择机制，使得个体信念具有一定的连续性。

定义 5.1　对于外生给定的 $\zeta \in [0,1]$，令 $\tilde{\gamma} = \zeta \widetilde{\gamma^A} + (1-\zeta)\widetilde{\gamma^B}$。均衡选择机制 G 要求：若 $\gamma^A < \tilde{\gamma}$，则货币模式为 $\Omega_A = \{N, I_A\}$；若 $\gamma^A > \tilde{\gamma}$，则货币模式为 $\Omega_B = \{N, I_B\}$。

在定义 5.1 中，我们定义均衡选择机制 $\mathcal{G}$ 对图 5.4 中的曲线 $\widetilde{\gamma^A}$ 和 $\widetilde{\gamma^B}$ 进行加权平均。如图 5.5 所示，这一均衡选择机制对博弈的多重均衡进行了简化。基于人们的信念不同，在机制 $\mathcal{G}$ 下共有四种可能的均衡结果。例如，若人们认为购买者永远不会接受外币作为支付方式，那么均衡货币模式为 $\Omega_A = \{N\}$，$\Omega_b = \{N\}$；若人们认为购买者愿意接受外币作为支付方式，则均衡货币模式为 $\Omega_A = \{I_A\}$，$\Omega_b = \{I_B\}$。另外两种可能均衡结果为 $\Omega_A = \{N\}$，$\Omega_b = \{I_B\}$ 和 $\Omega_A = \{I_A\}$，$\Omega_b = \{N\}$。

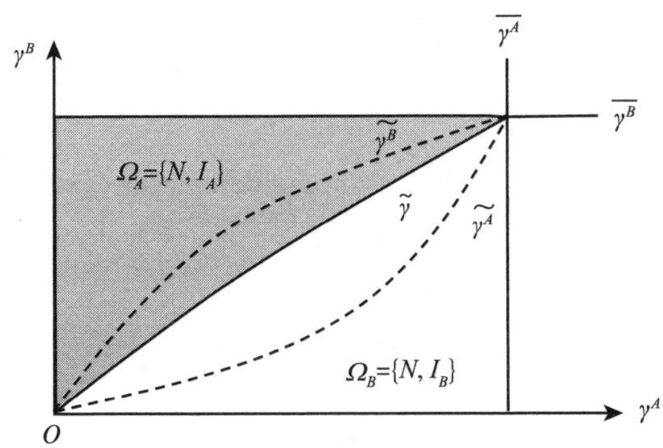

图 5.5　均衡选择机制

资料来源：Zhang C., An information-based theory of international currency [J]. Journal of International Economics, 2014, 93 (2): 286-301.

定理 5.5　给定均衡选择机制 $\mathcal{G}$，存在子博弈精练纳什均衡。若 $\sigma_F^A = \sigma_F^B > 0$，则最优货币政策满足 $\gamma^{A*} > \beta$，$\gamma^{B*} > \beta$。若 $\sigma_F^A = \sigma_F^B = 0$，则最优货币政策为弗里德曼准则，即 $\gamma^{A*} = \beta$，$\gamma^{B*} = \beta$。

首先，我们考虑人们认为购买者不接受外币支付的情形，即$\Omega_A = \{N\}$，$\Omega_b = \{N\}$，此时，出售者的策略为$\lambda = (0,0)$。如图5.6所示，给定B国通胀率，A国福利$\mathcal{W}_A$是关于A国通胀率γ^A的连续凹函数，A国的最优通胀率是使得福利$\mathcal{W}_A$最大化的通胀水平γ^{A*}，满足一阶条件$\partial\mathcal{W}_A/\partial\gamma^A \mid N = 0$，经计算可得$\gamma^A = BR_A(\gamma^A) \equiv 1 - \phi^A \widehat{m_a}/p'(\widehat{q_a})$。因此，A国的最优通胀率与B国的通胀水平无关。在DM阶段的配对交易中，出售者只接受其本国货币，因此，特殊商品的产量只与本国货币持有量相关，而与外币持有量无关。类似地，B国的最优通胀率γ^{B*}满足$\gamma^B = BR_B(\gamma^B) \equiv 1 - \phi^B m_b/p'(q_b)$，与A国的通胀水平无关。

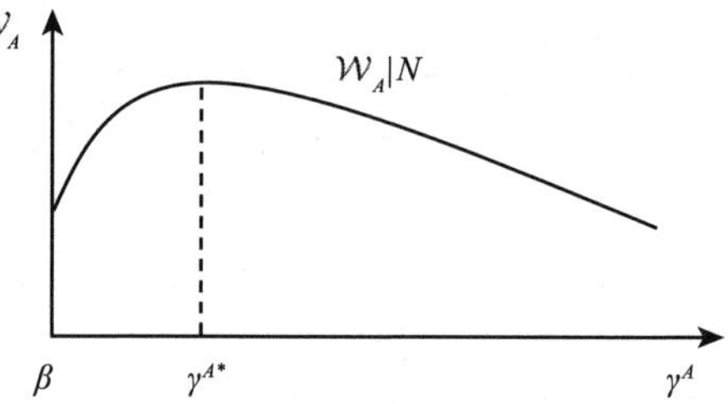

图5.6　$\Omega_A = \{N\}$，$\Omega_b = \{N\}$情形下的A国福利

资料来源：Zhang C., An information-based theory of international currency [J]. Journal of International Economics, 2014, 93 (2): 286-301.

根据上述分析，$\Omega_A = \{N\}$，$\Omega_b = \{N\}$情形下的最优货币政策为$BR_A(\gamma^A)$和$BR_B(\gamma^B)$的交点$(\gamma^{A*}, \gamma^{B*})$，其中，$\gamma^{A*} > \beta$，$\gamma^{B*} > \beta$。虽然出售者只接受本国货币，购买者将出于预防性动机同时持有两国货币。因此，一国货币当局可以通过提高通胀率从外国购买者处获得铸币税收益。在均衡中，货币当局将对提高通胀的收益和成本进行权衡取舍，从而确定最优的通胀率，故最优通胀水平高于弗里德曼准则。

接下来，我们考虑B国出售者在$\gamma^A < \widetilde{\gamma^A}$时愿意接受货币A的情形，即$\zeta = 1$，$\Omega_A = \{I_A\}$，$\Omega_b = \{N\}$。如图5.7所示，福利方程$\mathcal{W}_A$在任一模式

内都是关于通胀率 γ^A 的连续函数，但当均衡从一模式转变为另一模式时，A 国的福利方程 $\mathcal{W}_A$ 将出现断点。

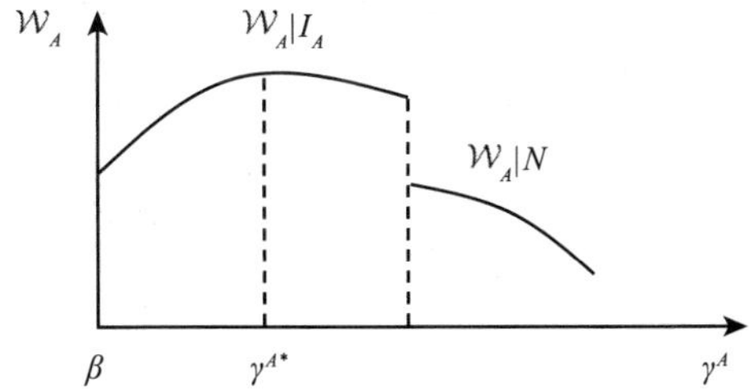

图 5.7　$\Omega_A=\{I_A\}$，$\Omega_b=\{N\}$ 情形下的 A 国福利

资料来源：Zhang C., An information-based theory of international currency [J]. Journal of International Economics, 2014, 93 (2): 286 - 301.

在模式 I_A 中，货币 A 是唯一的国际货币。货币政策制定者的最优决策在 $\gamma^A \in (\beta, \widetilde{\gamma^A})$ 的条件下由一阶条件 $\frac{\partial \mathcal{W}_A}{\partial \gamma^A}\Big| I_A=0$，$\frac{\partial \mathcal{W}_B}{\partial \gamma^B}\Big| I_A=0$ 确定。A 国的最优反应函数为

$$\gamma^A = BR_A(\gamma^A,\gamma^B) \equiv 1 - \frac{\phi^A \widehat{m_a}}{p'(\widehat{q_a})} + \frac{(\gamma^B-1)p'(q_b)+\phi^B m_b}{Np'(\widehat{q_a})}$$

它与两国的通胀率都相关。类似地，B 国的最优反应函数为

$$\gamma^B = BR_B(\gamma^A,\gamma^B) \equiv 1 - \frac{\phi^B \widehat{m_b}}{p'(q_b)} + \frac{N(\gamma^A-1)p'(\widehat{q_a})+\phi^A \widehat{m_a}}{p'(q_b)}$$

也同时取决于两国的通胀率。

图 5.8 分析了此情形下的最优反应函数与最优货币政策。B 国通胀率较高意味着购买者对货币 A 的需求较高，这意味着 A 国的铸币税收益较高，因此，A 国货币当局提高通胀率的动机更高，故 $BR_A(\gamma^A,\gamma^B)$ 随 γ^B 而升高。如图 5.7 所示，当 A 国通胀率超过 γ^{A*} 时，货币需求降低，使得铸币税的计税基础减小，因此，存在使 A 国社会福利达到最优的通胀率内

点解。B 国货币只被本国出售者接受，而 B 国货币当局也有提高通胀率的动机。当 γ^B 处于模式 N 中时，两国货币都只被本国出售者接受，因此，B 国的最优反应函数呈现水平。在模式 I_A 中，A 国通胀率升高使得 B 货币当局提高通胀率的动机更高，故$BR_B(\gamma^A,\gamma^B)$也随 γ^A 而升高。两国的最优反应函数 $BR_A(\gamma^A,\gamma^B)$ 与$BR_B(\gamma^A,\gamma^B)$在模式 I_A 区域内相交，此时，两国的通胀率均高于弗里德曼准则。

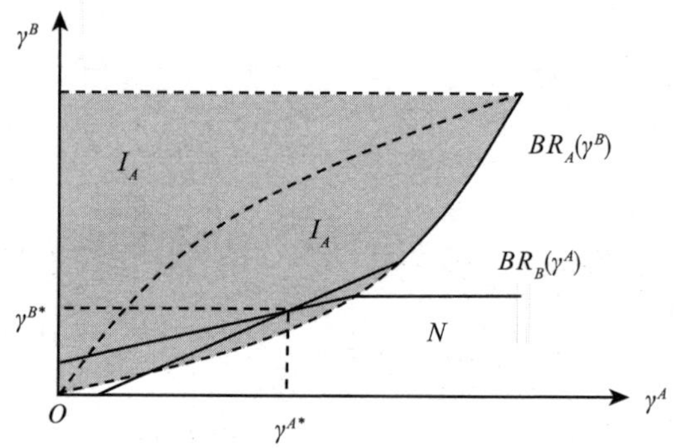

图 5.8　$\Omega_A=\{I_A\}$，$\Omega_b=\{N\}$情形下的最优反应函数

资料来源：Zhang C.，An information-based theory of international currency [J]. Journal of International Economics，2014，93 (2)：286－301.

若 $\sigma_F^A=\sigma_F^B=0$，则两国完全隔绝。购买者只持有本国货币，因此，铸币税收益为 0。此时，两国货币当局提高通胀率的动机消失，因此，最优通胀水平为弗里德曼准则 $\gamma^{A*}=\beta$，$\gamma^{B*}=\beta$。

丁和普泽洛（Ding and Puzzello，2020）运用实验的方法①对张（2014）的理论模型进行了验证。他们发现，放松外汇管制有助于跨境贸

① 另有一些学者对货币和商品均不可分的第一代国际货币模型进行了实验研究。江和张（Jiang and Zhang，2018）在松山等（1993）提出的两国两货币模型中探究了货币竞争问题，维达尔等（Vidal et al.，2022）在类似的框架下对“去美元化”进行了实验分析。里茨（Rietz，2019）基于克雷和沃勒（2000）的双货币模型分析了一国接受第二种货币进入流通的条件。

易规模的扩大，降低外币识别成本有助于提升货币的国际地位。因此，政府在货币国际化过程中的作用不容忽视。

5.3 国际货币模型的比较分析

本章介绍的货币伪造和识别模型与第 4 章的不对称信息模型既有相似点，也有不同点。两类模型都解决了卡雷肯和华莱士（1981）提出的名义汇率不确定的问题，但本章的货币伪造与识别模型均以假币的可能性作为市场摩擦的来源，通过引入固定的货币伪造或识别成本，使得名义汇率在均衡中得以确定。第 4 章的不对称信息模型则从货币政策不确定性的角度出发，刻画了家庭和企业在开放经济中进行经济决策时所面临的汇率风险，更具现实意义。

在货币伪造模型中，当无假币约束为松时，名义汇率在均衡中无法确定；在货币识别模型中，当两国不存在政府出售者时，名义汇率在均衡中也无法确定。而在第 4 章的不对称信息模型中，均衡名义汇率的确定只要求两国的平均通胀率高于弗里德曼准则，因此，不对称信息模型在更大的参数空间内解决了名义汇率不确定的问题。

货币识别模型和不对称信息模型都分析了两国货币当局的政策博弈。货币识别模型中存在多重均衡，因此，货币当局的最优策略取决于经济主体的预期，使均衡具有脆弱性。不对称信息模型的货币均衡存在唯一性，可更方便地用于博弈均衡的比较静态分析，以探究货币政策不确定性、经济开放程度等因素对于通胀水平与货币价值的影响机制。

此外，新货币主义模型也可用于研究其他一些重要的国际经济学问题。[①] 例如，杰罗米查洛斯和西蒙诺夫斯卡（Geromichalos and Simonovska，2014）在两国模型中分析了国际资产组合的最优选择问题，为本土偏好之谜和外国资产的高流动性提供了理论支撑。杰罗米查洛斯和荣格（Geromichalos and Jung，2018）构建了带有外汇交易商的两国模型，对场外外汇市场的微观机制进行了详细建模，分析了外汇买卖价差和交易量的决定机制。刘等（2019）分析了金融中介提供的贸易金融服务对跨境贸易结算货币选择和国际货币体系的影响机制。李和荣格（Lee and Jung，2020）根据货币和名义债券的流动性探讨了非抛补利率平价之谜。

① 货币国际化的微观理论研究最早可追溯至门格尔（Menger，1892）、斯沃博达（Swoboda，1969）和克鲁格曼（Krugman，1984）的研究。其中，雷伊（Rey，2001）、里昂和摩尔（Lyons and Moore，2009）、德弗罗和石（2013）对外汇市场中的周转货币进行了理论建模，巴切塔和范温库（Bacchetta and Van Wincoop，2005）、高柏和铁勒（Goldberg and Tille，2008）则研究了交易双方对计价货币的内生选择问题。

第6章

人民币国际化与相关启示

6.1 人民币国际化的现状

人民币国际化，是指人民币在国际范围内行使货币功能，逐渐发展成为国际贸易和国际投融资的主要计价结算货币以及重要的官方国际储备货币的过程。自2005年人民币汇率形成机制改革和2009年《跨境贸易人民币结算试点管理办法》实施以来，在政策和市场的共同推动下，人民币国际化在动荡的全球大背景中稳步前行。

为了客观描述人民币在国际贸易、资本与金融交易、国际储备等方面的实际使用程度，中国人民大学国际货币研究所（IMI）从国际货币的基本职能出发，编制了一个综合量化指标——人民币国际化指数（renminbi internationalization index，RII）。[①]《人民币国际化报告·2023：

① 根据设定，若人民币是全球唯一的国际货币，则RII为100；若人民币在任何国际经济交易中都未被使用，则RII为0。因此，RII数值变大表明人民币在国际经济活动中更多地发挥了价值尺度、支付手段和价值贮藏的货币职能，人民币国际化程度更高。

更广泛多层次经贸合作》指出，2010 年初，RII 只有 0.02，人民币在国际市场上的使用几乎完全空白。如图 6.1 所示，经过十几年的快速发展，2022 年第四季度 RII 已达到 6.40，与 2021 年第四季度的 5.42 相比，增长了 18.08%，人民币国际使用程度保持历史高位，市场信心与价值基石更加稳固。据环球银行金融电信协会（SWIFT）的报告显示，2023 年 7 月，在基于金额统计的全球支付货币排名中，人民币保持全球第五大最活跃货币的位置，占比升至 3.06%，为连续第六个月上升，这也是人民币有记录以来第二次在全球支付占比中超过 3%。美元、欧元、英镑和日元的占比位居前四位，分别为 46.46%、24.42%、7.63% 和 3.51%。人民币国际支付占比位居国际前列，占比份额保持稳定。

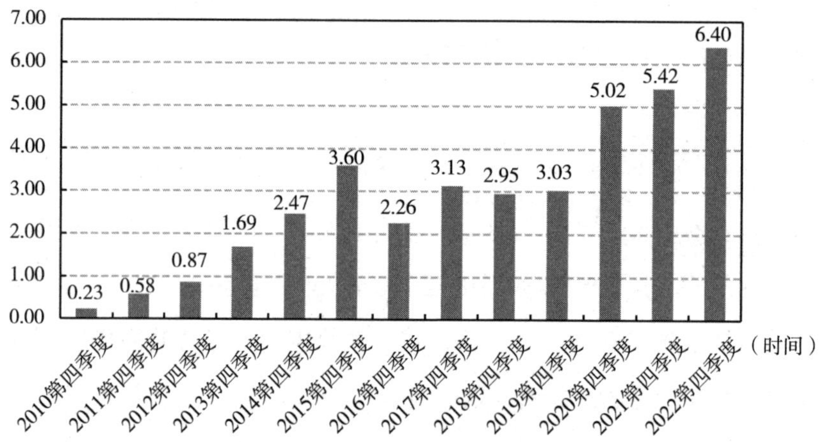

图 6.1　人民币国际化指数（RII）

资料来源：《人民币国际化报告 · 2023：更广泛多层次经贸合作》。

一国货币要实现国际化需要稳定的政治环境、强大的经济实力、强劲的国际贸易、发达的金融市场、高效的资本流动等必要条件（中央国债登记结算有限责任公司人民币国际化研究课题组，2019）。接下来，我们将从国际贸易、国际金融和国际储备三个方面介绍分别人民币国际化的现状和推动人民币国际化进程的相关政策（见表6.1）。

表6.1　人民国际化指数指标体系

一级指标	二级指标	三级指标
国际计价支付功能	贸易	世界贸易总额中人民币结算比重
	金融	全球对外信贷总额中人民币信贷比重
		全球国际债券和票据发行额中人民币债券和票据比重
		全球国际债券和票据余额中人民币债券和票据比重
		全球直接投资中人民币直接投资比重
国际储备功能	官方外汇储备	全球外汇储备中人民币储备比重

资料来源：《人民币国际化报告·2023：更广泛多层次经贸合作》。

6.1.1　人民币国际贸易计价结算

如图6.2所示，我国跨境人民币贸易结算规模近年来强势增长。2023年上半年，经常项目下跨境人民币结算总额为6.3万亿元，同比增长37.6%，创历史新高。其中，货物贸易为4.84万亿元，同比增长39.5%，占同期跨境贸易人民币结算总额的76.8%；服务贸易及其他经常项目为1.46万亿元，同比增长31.5%，占同期跨境贸易人民币结算总额的23.2%。①

人民币贸易结算规模的持续扩大得益于政策和市场多方面因素的共同推动。2023年1月，商务部、中国人民银行联合印发《关于进一步支持外经贸企业扩大人民币跨境使用促进贸易投资便利化的通知》，就支持大宗商品人民币计价结算、扩大境外经贸合作区人民币使用等作出部署，为人民币跨境使用创造良好政策环境。

① 《2023年上半年金融统计数据报告》。

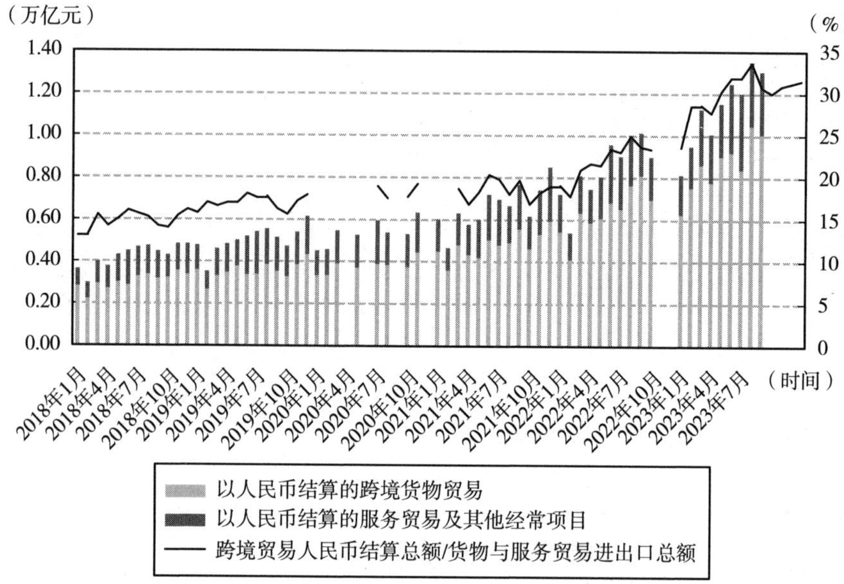

图 6.2　跨境贸易人民币结算规模

注：2020 年 4 月、6 月、9 月、12 月和 2022 年 11 月、12 月以人民币结算的跨境贸易数据缺失。2022 年和 2021 年的 1 月、2 月进出口总额数据缺失。

资料来源：中国人民银行、国家外汇管理局。

2008 年以来，我国不断推动对外货币合作，与境外央行或货币当局的本币互换合作成效显著。目前，中国人民银行已与中国香港、欧元区、英国、澳大利亚、俄罗斯、加拿大等二十余个国家和地区的货币当局签署了双边本币互换协议。2022 年 7 月，中国人民银行与香港金融管理局签署人民币/港币常备互换协议，将双方自 2009 年起建立的货币互换安排升级为常备互换安排。升级后协议长期有效，互换规模由原来的 5000 亿元人民币/5900 亿元港币扩大至 8000 亿元人民币/9400 亿元港币。这也是中国人民银行第一次签署常备互换协议。2023 年第一季度，全球各中央银行在与中国人民银行签署的双边本币互换协议下，动用人民币余额

1090.85 亿元,[①] 创造了全球货币当局利用人民币—本币互换额度的新纪录，再次表明人民币的国际地位日益提高。

为满足人民币跨境使用需求，提高人民币跨境支付结算效率，中国人民银行于 2012 年启动人民币跨境支付系统（CIPS）建设。2015 年 10 月 8 日，CIPS 一期成功上线运行。2018 年 5 月，CIPS 二期全面投产。CIPS 的建成运行是我国金融市场基础设施建设的里程碑事件，标志着人民币国内/国际支付统筹兼顾的现代化支付体系建设取得重要进展。截至 2023 年 7 月末，CIPS 系统共有参与者 1456 家，其中，直接参与者 91 家，间接参与者 1365 家，分布于全球 111 个国家和地区。[②] 2022 年，CIPS 系统累计处理人民币支付业务 440.04 万笔，金额 96.70 万亿元，同比分别增长 31.68% 和 21.48%。[③] 业务量稳步增长，为超过 180 个国家和地区提供人民币跨境和离岸业务资金清算服务。[④]人民币跨境支付系统服务能力进一步提升，推动着跨境人民币贸易结算规模迅速增长。

近年来，我国大宗商品人民币计价结算取得突出进展。2022 年 6 月，印度最大水泥商超科集团（Ultra Tech Cement）从俄罗斯西伯利亚煤炭能源公司购买了价值约 1.72 亿元的煤炭，双方约定用人民币计价结算。[⑤] 2022 年 7 月，澳大利亚必和必拓启动在中国港口的铁矿石人民币现货贸易。2023 年 3 月，中国海油与法国道达尔能源完成了首单以人民币结算的进口液化天然气（LNG）采购交易，交易量为 6.5 万吨,[⑥] 这标志着我国在油气贸易领域的跨境人民币结算交易探索迈出实质性一步，法国成

---

① 《中国货币政策执行报告》。

②④　跨境银行间支付清算有限公司官网。

③ 《2022 年支付体系运行总体情况》。

⑤　印度最大水泥商下单俄罗斯煤炭：用人民币支付［EB/OL］. 中国日报网，2022 - 07 - 04.

⑥　中国海油与道达尔能源完成首单液化天然气跨境人民币结算交易［EB/OL］. 新华网，2023 - 03 - 29.

为第一个签署允许以人民币而非美元或欧元支付的贸易协议的欧洲国家。2023 年 6 月，巴基斯坦以人民币支付了首批政府间进口的俄罗斯原油，这标志着巴基斯坦以美元为主导的进出口支付政策出现重大转变。

6.1.2 人民币国际金融计价交易

改革开放以来，我国始终坚持对外开放的基本国策，创新地开辟了一条以“渐进、审慎、可控”为特征的资本账户开放路径，对人民币国际化有着重要的推动作用。

股票市场的开放以合格机构投资者和交易所互联互通为主要渠道。我国先后于 2002 年和 2011 年开启了合格境外机构投资者（quanlified foreign institutional investors，QFII）制度和人民币合格境外机构投资者（RMB qualified foreign institutional investors，RQFII）制度。2019 年 9 月，国家外汇管理局公告取消 QFII 和 RQFII 境内证券投资额度的限制。同时，RQFII 试点国家和地区限制也一并取消。20 年以来，QFII/RQFII 制度不断优化，合格境外机构投资者规模持续扩大。Wind 数据显示，2003 年底 QFII 重仓股共 17 只，持股市值近 7 亿元，共有 11 家境外机构获批合格境外投资者资格。截至 2023 年第一季度末，QFII 重仓持股增加至 718 家，持股市值合计为 1659 亿元，合格境外机构投资者增加至 756 家。为进一步扩大股票市场开放程度，我国又先后于 2007 年和 2014 年推出了合格境内机构投资者（quanlified domestic institutional investors，QDII）制度和人民币合格境内机构投资者（RMB qualified domestic institutional investors，RQDII）制度，有控制地允许境内机构投资境外证券市场。

为进一步促进内地和香港资本市场双向开放和健康发展，我国先后于 2014 年和 2016 年开启了“沪港通”和“深港通”，对促进两地市场互联互通协同发展发挥了重要作用。2018 年 4 月，证监会发布公告，将“沪港通”每日额度扩大 4 倍。2019 年 6 月，中国证监会和英国金融行为监管局发布联合公告，原则上批准上海证券交易所和伦敦证券交易所开展“沪伦通”业务。2021 年 12 月，证监会又将“沪伦通”扩容为“中欧通”。截至 2023 年 6 月，已有 56 家 A 股上市公司正在筹划或已发行全球存托凭证（GDR）。从进度来看，已有 19 家在英国或瑞士成功发行 GDR，有 6 家已获证监会核准，还有 31 家正在筹划推进 GDR 发行事宜。①

2018 年 6 月，中国 A 股股票正式纳入明晟（MSCI）新兴市场指数和全球基准指数，有利于吸引境外投资者配置人民币股票资产。这标志着 A 股由此开启了走向全球的大门。2019 年 2 月，MSCI 宣布，将从同年 5 月起分三阶段将中国 A 股在 MSCI 新兴市场基准指数中的权重从 5% 逐步提高至 20% 。

银行间债券市场和交易所债券市场也在人民币国际化的进程中逐步放开。2010 年 8 月，中国人民银行发布通知，首次允许境外中央银行或货币当局，香港、澳门人民币清算行，跨境贸易人民币结算境外银行三类机构在人民银行审批的额度内在银行间债券市场进行投资。② 2015 年 7 月，中国人民银行大幅放开境外央行、国际金融组织、主权财富基金三类机构在银行间市场的投资限制，将审批制改为备案制，并取消了额度限制。2016 年 2 月，中国人民银行进一步向境外私人机构开放了银行间债券市场交易，开启了债券市场“全球通”。2017 年，“北向通”正式上线，“南向通”也于 2021 年 9 月上线运行，为内地机构投资者开启了投

① 6 月份以来 4 家 A 股公司主动终止 GDR 发行［EB/OL］. 新华网，2023 - 06 - 27.

② 关于境外人民币清算行等三类机构运用人民币投资银行间债券市场试点有关事宜的通知［EB/OL］. 中国人民银行，2010 - 08 - 17.

资香港及全球债券市场的新大门，实现了债券市场的双向开放。截至2023年5月末，“北向通”入市投资者达798家，较2017年末增加624家，境外机构投资中国债券规模为3.19万亿元，较“债券通”开通前增加2.26万亿元。[①] 2019年10月，中国人民银行与国家外汇管理局联合发布《关于进一步便利境外机构投资者投资银行间债券市场有关事项的通知》，允许同一境外主体QFII/RQFII和直接入市渠道下的债券进行非交易过户，资金账户之间可以直接划转，同时同一境外主体通过上述渠道入市只需备案一次。这一改革进一步提高了境外机构投资者入市投资的便利性，有助于提升我国金融市场开放的广度和深度，推动人民币国际化。

交易所债券市场比银行间债券市场开放得更早。2014年以来，交易所债券市场就已经基本对外资机构全开放。外资进入交易所债券市场主要有两种渠道：QFII和RQFII。可投资的资产范围包括国债、地方政府债、企业债、可转换公司债等。2019年1月，彭博公司正式确认将于同年4月起将人民币计价的中国国债和政策性银行债券纳入彭博巴克莱债券指数。在完全纳入后，人民币债券资产在该指数总市值中的占比将达6.03%，成为这一指数内继美元、欧元、日元之后的第四大货币债券。[②] 摩根大通紧随其后，于2019年9月宣布从2020年2月28日起，将9只中国国债纳入全球新兴市场政府债券指数系列（GBI－EM），纳入后中国国债占比将达10%，达到国别占比上限。[③] 2021年10月，富时罗素公司正式宣布将中国国债纳入富时世界国债指数（WGBI），正式纳入后国际

---

① “债券通”六周年：金融市场对外开放稳步推进［N］. 中国证券报，2023－07－04.

② 中国债券正式纳入彭博巴克莱指数［EB/OL］. 央视网，2019－04－02.

③ 国债和政策性银行债已完全纳入彭博巴克莱全球综合指数——外资参与我国债市热情高［EB/OL］. 中华人民共和国中央人民政府网站，2020－11－06.

投资者可通过这一指数进入中国债券市场。至此，中国债券市场已被全球三大主要债券指数悉数纳入。这将为中国债券市场带来大量配置资金，代表着中国金融对外开放又迈出了里程碑式一步，反映了国际投资者对中国经济长期健康发展、金融持续扩大开放的信心。

2023 年，受中美利差倒挂影响，外资对人民币债券市场的热度重新升温。据国家外汇局最新公布的数据显示，如果不考虑到期兑付的因素，2023 年上半年外资净买入近 790 亿美元境内债券，扭转了上年净卖出的趋势。[①] 截至 2023 年 6 月末，境外机构持有银行间市场债券 3.28 万亿元，约占银行间债券市场总托管量的 2.5%，共有 1097 家境外机构主体入市。境外机构在中央结算公司托管债券总量 2.94 万亿元。分渠道来看，“全球通”渠道托管量为 2.35 万亿元，“债券通”渠道托管量为 5886 亿元，“全球通”渠道占比为 79.98%。分券种来看，境外机构主要持有国债 2.15 万亿元，占比 72.97%；持有政策性银行债 7173 亿元，占比 24.39%。[②] 从一级市场看，不论是境内的“熊猫债”（境外机构在我国境内发行的人民币债券）还是在境外以“点心债”（在香港发行的人民币债券）为代表的离岸人民币债券，均出现发行量猛增的势头。截至 2023 年 6 月末，2023 年发行的熊猫债规模约为 718 亿元，已超过上年全年总量；中资离岸人民币债券（包括“点心债”和“自贸区债”）的发行量超过 213 亿元，是上年同期规模的 8.6 倍左右。[③]

衍生品市场也是我国金融市场对外开放中重要的一部分。目前，外资可通过 QFII 和 RQFII 投资股指期货、交易所权证等衍生品工具。2020

① “2023 年上半年外汇收支数据情况”新闻发布会文字实录［EB/OL］. 国家外汇管理局网站，2023－07－24.

② 2023 年 6 月银行间债券市场境外机构业务月报［EB/OL］. 搜狐网，2023－07－21.

③ 境内外人民币债券“双响炮”：发行量猛增背后多重新变化凸显［N］. 证券时报，2023－07－31.

年5月，中国人民银行与国家外汇管理局共同发布《境外机构投资者境内证券期货投资资金管理规定》，明确并简化境外机构投资者境内证券期货投资资金管理要求，进一步便利境外投资者参与我国金融市场。外汇衍生品市场方面，我国于2005年开启了银行间远期外汇交易，于2006年开启了银行间人民币与外币掉期业务，于2011年开启了银行间外汇期权交易，形成了丰富的多层次外汇衍生品体系。2015年，人民银行发布《人民银行就境外央行类机构进入中国银行间外汇市场有关事宜发布公告》，允许境外央行类机构进入中国银行间外汇市场，开展包括即期、远期、掉期和期权在内的各品种外汇交易，且无额度限制。

大宗商品方面，原油期货是我国第一个对外开放的期货品种。2018年3月，以人民币计价的原油期货在上海国际能源交易中心（INE）挂牌交易，同时引入境外交易者和境外经纪机构。这意味着国际原油市场开始有了中国原油价格基准，同时也代表我国石油人民币计价体系的正式建立。在上市交易后的短短8个月内，INE原油期货成交量就已经超过迪拜商业交易所的阿曼原油期货，成为全球第三大石油期货交易市场。2018年5月，铁矿石期货作为境内特定品种引入境外交易者，成为我国首个对外开放的已上市期货品种。5年来，中国期货市场境内特定品种数量已增至23个，包括铁矿石、原油、天然橡胶、白糖、棕榈油、菜籽油、纸浆、玉米、豆粕、豆油、甲醇、PTA、动力煤、焦炭、沥青等，向QFII/RQFII资金开放的商品期货期权品种则达到39个。其中，初级产品在两者的占比分别达到96%和70%。[①] 近年来，中国期货市场运行质效提升，境外交易者参与积极，国际影响力进一步提升。2023年1月12日，菜籽油、菜籽粕、花生期货和期权正式引入境外交易者，郑州商品

---

① 上海将推动黄金期货国际化 上期所发布战略规划［EB/OL］. 人民网，2023-05-26.

期货交易所在农产品期货品种国际化方面再次迈出坚实步伐，也标志着我国油脂油料期货市场实现一体化对外开放。引入境外交易者首日，来自新加坡、印度尼西亚等国家和地区的 26 家境外客户参与菜籽油、菜籽粕、花生期货和期权交易。

此外，在全球新冠疫情反复、地缘政治冲突加剧的背景下，我国对外直接投资和外商直接投资在波动中依然稳步推进（见图 6.3）。据商务部、国家外汇管理局统计，2023 年上半年，我国全行业对外直接投资 5221.8 亿元，同比增长 17.1%（折合 753.6 亿美元，同比增长 9.6%）。其中，我国境内投资者共对全球 152 个国家和地区的 4549 家境外企业进行了非金融类直接投资，累计投资 4316.1 亿元，同比增长 22.7%（折合 622.9 亿美元，同比增长 14.8%）。2023 年 1 ~7 月，全国实际使用外资金额 7667.1 亿元，同比下降 4%（折合 1118 亿美元，同比下降 9.8%）。全国新设立外商投资企业 28406 家，增长 34%。从行业看，制造业实际使用外资金额 1968.5 亿元，增长 0.1%。高技术产业成为外商投资的重要增长点，实际使用外资增长 3.8%，其中，高技术制造业增长 25.3%，

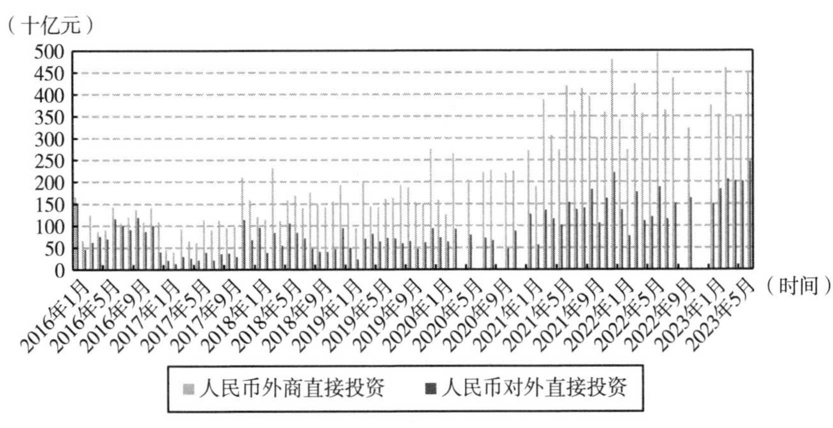

图 6.3　人民币外商直接投资和对外直接投资

资料来源：国家外汇管理局。

带动吸收外资的质量进一步提升。

6.1.3 人民币国际储备职能

2015 年 11 月，国际货币基金组织（IMF）执董会决定将人民币纳入特别提款权（SDR）货币篮子，SDR 货币篮子相应扩大至美元、欧元、人民币、日元、英镑 5 种货币，人民币在 SDR 货币篮子中的权重为 10.92%，新的 SDR 货币篮子于 2016 年 10 月 1 日生效。这也是自欧元 1999 年取代法国法郎和德国马克以来首次加入的新货币，标志着人民币跻身国际权威机构认可的主要货币和“可自由使用”的货币行列。2022 年 5 月，国际货币基金组织执董会完成了五年一次的 SDR 定值审查，将人民币权重上调 1.36 个百分点至 12.28%。人民币继续排在美元（43.38%）、欧元（29.31%）之后，位列第 3 位。经调整的货币篮子权重于 2022 年 8 月 1 日正式生效。人民币权重的上调体现出人民币“入篮”以来国际地位的上升，反映了五年来中国深化金融改革开放、推进人民币国际化的积极成果。

根据国际货币基金组织官方外汇储备货币构成（COFER）数据显示，2023 年第一季度，人民币在各国央行外汇储备中的金额增加至 2880.7 亿美元。根据国际货币基金组织官方外汇储备货币构成（COFER）数据显示，截至 2023 年第一季度末，全球外汇储备合计 12.04 万亿美元，其中，美元占比 54.66%，欧元占比 18.31%，日元占比 5.06%，英镑占比 4.49%，人民币占比 2.39%，继续保持全球第五大外汇储备货币。已有 75 个国家的央行将人民币纳入外汇储备资产，人民币在全球央行外汇储备资产中的占比从 2016 年的 0.85% 快速上升至 2023 年的 2.39%（见图 6.4）。

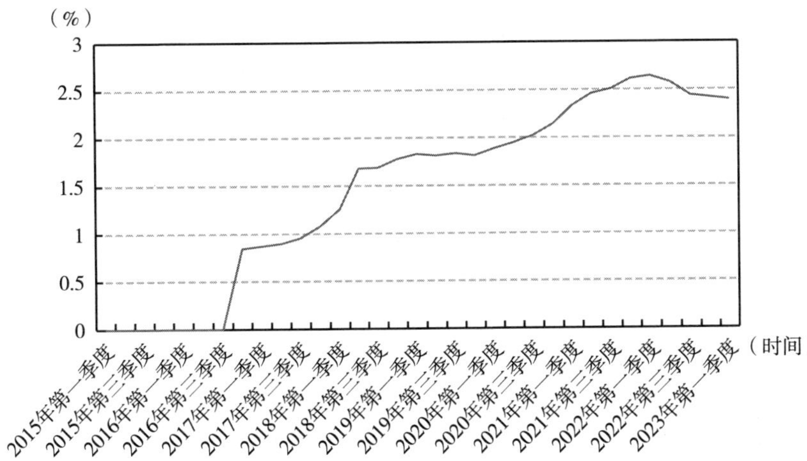

图 6.4　人民币在全球外汇储备中相对份额的变化

资料来源：国际货币基金组织。

6.2 对人民币国际化的启示

本书梳理了新货币主义框架下的国际货币模型，并着重探讨了不对称信息下的国际货币体系和均衡汇率形成机制，分析了人口数量、经济开放程度、平均通胀率、货币政策不确定性、货币伪造与识别成本等因素对国际货币模式的影响。本书对于人民币国际化的相关启示主要体现在以下几个方面。

6.2.1　坚持高水平对外开放

一国经济开放程度的增加有助于本币国际化。如图4.4 所示，本国经济开放增加将使得外国居民愿意持有本国货币并用其进行支付。当本国经济开放程度远远高于外国经济开放程度时，外国居民甚至会放弃他们的本币，推动本国货币实现“美元化”成为世界范围内唯一流通的货币。现有研究发现，一国贸易额占世界贸易总额的份额越大，该国货币越有可能成为国际货币（Grassman，1976；Bergsten，1997；McKinnon and Pill，1998；Mundell，1998）。经贸合作有助于降低或取消关税壁垒、优化通关程序、提高贸易投资便利化和自由化水平，对成员国之间贸易往来有着显著的正效应（Stack and Pentecost，2011；Baier et al.，2014；韩剑和许亚云，2021）。因此，我国应坚持高水平对外开放，构建覆盖全球范围的全方位经贸合作网，以助推人民币国际化。

对外开放是我国的基本国策。几十年来，中国对外开放不断取得新进展。截至2022年底，我国已成为140多个国家和地区的主要贸易伙伴，货物贸易总额连续6年居全球第1位，利用外资规模连续5年居全球第2位。[①] 我国出台实施了《中华人民共和国外商投资法》，设立了21个自贸试验区，同26个国家和地区签署了19个自由贸易协定（free trade agreement，FTA），与自贸伙伴贸易额占外贸总额达35%。[②]《世界开放报告·2022》指出，我国开放指数全球排名已从第47位跃升至第39位，形成了内外联动、东西互济的全面开放新格局。商务部、海关统计数据显示，2022年，中国的进出口总额超过了6万亿美元，实际使用外资1891.3亿美元，规模再创历史新高。

近年来，我国致力于开展“更广泛多层次经贸合作”，为人民币国际化的持续推进创造条件。《区域全面经济伙伴关系》（regional comprehensive

① 深刻把握新时代十年我国对外开放伟大成就［EB/OL］. 求是网，2023-05-25.

② 我国成为140多个国家和地区的主要贸易伙伴——国际经济合作和竞争新优势不断增强［N］. 人民日报，2022-11-23.

economics partnership，RCEP）是中国参与并积极推动的全球最大的自由贸易协定，包括中国、日本、韩国、澳大利亚、新西兰以及东盟 10 国。东盟自 2011 年起成为了中国在 RCEP 区域内的第一大贸易伙伴，并于 2020 年成为中国在全球范围内最大的贸易伙伴。国家统计局数据显示，2022 年，中国与东盟进出口总额达 9753 亿美元，占中国进出口总额的 15.46%；中国与东盟国家人民币跨境收付金额达 48147.9 亿元，占同期人民币跨境收付额的 13.2%。人民币在部分东盟国家已被官方认可，成为流通货币、结算货币和储备货币。

党的二十大报告指出，要实行更加积极主动的开放战略，形成更大范围、更宽领域、更深层次的对外开放格局。高水平对外开放和经贸合作的持续推进将为人民币国际化奠定坚实基础。

6.2.2　保持物价稳定

通胀率的降低有助于本币国际化。如图 4.5 所示，本国平均通胀率降低将使得本国货币的持有成本下降，外国居民更愿意持有本国货币并用其进行支付。当本国平均通胀率远远低于外国平均通胀率时，外国居民甚至会放弃他们的本币。

从国际经验上来看，在美元国际化的过程中，美国的通胀水平远远低于同时期的英国。低通胀率在德国马克的国际化进程中也起了至关重要的作用。1957 年，德国通过联邦银行法，规定德国央行在制定货币政策时不受政府指示的干涉。德国央行一直将币值稳定作为货币政策的首要目标，运用存款准备金、利率等货币政策工具，成功地将德国的通胀率维持在较低的水平，为德国马克的国际化奠定了坚实的基础。稳定的币值有助于德国马克获得良好的国际信誉，更好地发挥国际计价支付和国际储备职能。1973 年，德国马克超过英镑，成为了仅次于美元的世界第二大储备货币。

基于以上理论结果和历史经验，我国在人民币国际化的道路上应继续坚持稳健的货币政策，保持物价和通胀率的稳定。2012 年以来，我国通胀率保持在 2% 左右，实现了主要经济体长期追求的 2% 通胀目标（见图 6.5）。新冠疫情、俄乌冲突等供给端因素导致的全球高通胀为人民币国际化带来了新的契机。在此背景下，我国实现了物价的基本稳定，人民币币值表现出极大的稳定性，树立了更高的国际信誉，吸引了各国交易商和投资者。

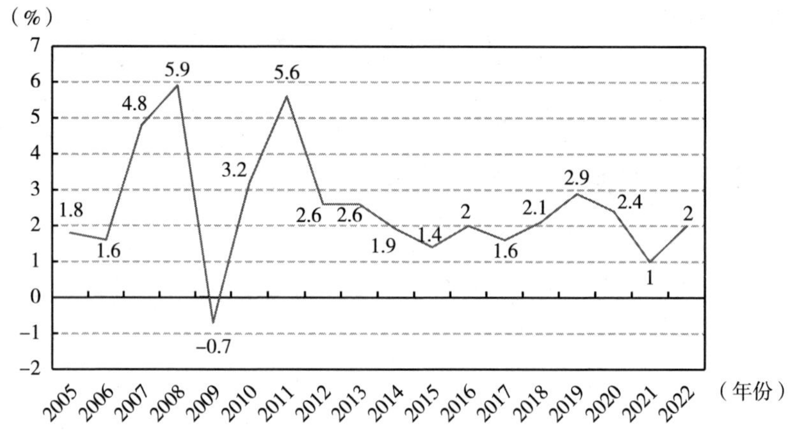

图 6.5　中国按消费者价格指数衡量的年通胀率

资料来源：世界银行。

6.2.3　降低货币政策不确定性

货币政策不确定性的降低有助于本币国际化。如图 4.9 所示，本国货币政策不确定性降低将使得外国居民愿意持有本国货币并用其进行支付。当本国货币政策不确定性远远低于外国货币政策不确定性时，外国居民甚至会放弃他们的本币。因此，我国应提高货币政策透明度，合理引导公众预期。

央行政策透明度对于提高货币政策有效性、提高市场预测能力、减小金融市场的波动性都具有重要作用。自 2001 年第一季度以来，中国人民银行发布的每一期《货币政策执行报告》中均以定性或定量、明确或隐晦的方式对未来货币政策方向进行了前瞻性指引。2009 年，国务院常务会议首次明确提出“管理好通胀预期”。2018 年，中央政治局会议更是将稳预期作为“六稳”中的一项重要内容。为进一步推动人民币国际化，央行应继续将透明性贯彻到政策从制定到实施的全过程，通过多种信息渠道在货币政策目标、规则、方向和力度等方面与市场进行充分沟通，公开发布未来货币政策调整意图和宏观经济走势等信息，引导公众预期，增强货币政策的可信度和透明度，降低未来货币政策的不确定性，进一步稳定人民币币值，提高国际投资者对人民币的信心。

2023 年以来，“全球加息潮”使得人民币面临持续的贬值压力，美联储货币政策路径的不确定性升高，导致金融市场波动性增强。在复杂多变的国际形势下，人民币汇率虽出现了一定程度的贬值，但外汇市场供求基本平衡，市场预期基本稳定。人民币汇率双向波动，总体在合理均衡水平上保持基本稳定。

6.2.4　加强金融基础设施建设

加强金融基础设施、提升人民币跨境使用的便利性有助于本币国际化。第 5 章中分析的外币识别成本对应着现实中的货币跨境使用成本。货币国际化的持续推进需要完善的金融基础设施加以支撑，以应对市场参与者对交易的需求，防控金融风险的发生。从国际经验来看，美国的金融基础设施在美元尚未成为国际货币的时期相对较为落后。美联储在1916年建立了联储票据清算所，为美元的初步国际化提供支撑。20世纪70年代，美联储又建立了联邦资金转账系统（Fedwire），纽约清算所也建立了清算所银行间同业支付系统（CHIPS），以满足美元国际化和离岸市场美元支付的需求。

人民币跨境支付基础设施主要包括2013年以来建立的人民币离岸清算体系和2015年上线的人民币跨境支付系统（cross-border interbank payment system，CIPS）。它们都需要通过多个金融中介机构才能完成跨境支付，资金流通过代理银行网络，信息流通过环球同业银行金融电信协会（SWIFT）报文处理系统。这一模式伴随着成本高、效率低、不透明三大难题。据国际清算银行的一项报告显示，当前国际代理行服务网络日渐收缩，特别是一些新兴经济体的用户无法充分利用全球金融系统网络或无力负担上述网络服务成本。目前，通过代理行处理的跨境交易在支付和结算之间有3~5天的延迟，跨境汇款的平均成本为6.5%。[①]

为解决这一业务痛点，2021年2月，中国人民银行与香港金融管理局、泰国及阿联酋央行宣布联合发起多边央行数字货币桥研究项目（Multi-CBDC bridge，简称“多边货币桥”或mBridge），旨在探索利用批发型央行数字货币（central bank digital currency，CBDC）提升多边跨境支付效率、降低支付成本、增加交易透明度的可行性。该项目同时还得到了国际清算银行香港创新中心的支持。相较于传统跨境支付模式，“多边货币桥”具有“点对点”支付的功能。得益于分布式账本技术的使用，平台上的银行可在无须互相开户、也无须共同在第三方机构开户的情况

① 多边央行数字货币桥或成新型跨境支付基础设施［N］. 上海证券报，2023-07-04.

下进行“点对点”直接支付，且可实现“支付即结算”，大大提升了支付结算的效率。同时，所有支付记录由央行节点写入共同账本，网络中节点银行之间的交易是实时、透明和不可篡改的，降低了传统支付体系容易出现的记账错误和信用风险，也省去了每家银行各自记账、对账等账本维护的成本。

国际清算银行在2022年10月发布的报告《多边央行数字货币桥项目：以央行数字货币连接经济》(Project mBridge：Connecting economies through CBDC）中表示，数字货币桥项目已于2022年8月15日至9月23日成功组织来自中国香港、中国内地、阿联酋和泰国的20家商业银行完成了国际首例基于真实交易场景的试点测试。测试结果显示，使用货币桥完成跨境支付交易可以节约近50%的成本，与传统代理行模式相比实现了跨越式的改进。“点对点”支付的模式增加了交易双方的本国货币在跨境支付中被使用的机会，因此，将有助于提升人民币在国际经贸活动中的使用比例，加速人民币国际化的进程。

6.2.5　适时合理的政策支持

政府在货币国际化过程中可以起到助推器和稳定器的作用。由5.2节的货币识别模型可知，政府购买者的行为会影响均衡的货币体系模式。虽然货币国际化是市场主导的内生结果，但政府的相关政策依然会发挥一定的作用。

从历史经验来看，货币市场化过程遵循基本的市场规律，政府的干预并不会改变货币国际化发展的根本趋势。例如，美国在1948～1952年推出了援助欧洲国家的马歇尔计划。欧洲国家纷纷以美元购买美国的商品和服务，形成了美元循环，从而迅速扩大了美元的国际影响力，巩固了美元在全球经济活动中的主导地位。然而，马歇尔计划并非美元国际化的主导因素。彼时，美国在工业生产、贸易和金融交易方面都领先于其他国家，布雷顿森林体系的建立进一步巩固了美元的国际地位。即使没有马歇尔计划，美元也会成为最重要的国际货币。德国马克也曾是重要的国际货币，但在马克的国际化过程中，德国政府一直秉持审慎的态度，不仅没有主动推进，还曾采取种种措施限制马克的国际化。这是由于彼时联邦德国的金融市场发展程度有限，货币国际化带来的资本大进大出会提高通胀风险，影响金融稳定，增加宏观调控的难度。为限制马克的国际化，德国政府一方面限制资本流入，另一方面限制马克的境外使用，这些措施对马克的国际化进程起到了一定的抑制作用，但并未改变马克国际化的历史发展趋势。由美元和马克国际化的历史经验可知，货币的国际地位是一国政治、经济和金融综合实力的体现，反映了市场主体对该货币的接受和认可度，并不会因政策选择而发生根本性的改变。适时合理的政策支持能够在货币国际化的过程中起到助推器和稳定器的作用，确保货币国际化在系统性金融风险可控的前提下平稳推进。

我国在资本账户开放和人民币汇率形成机制改革方面都遵循了渐进、可控的原则，充分发挥了相关政策助推器和稳定器的作用。我国早在1996年就实现了经常项目下的自由可兑换，而资本项目开放的进程则远远晚于经常账户。国际货币基金组织（IMF，2013）指出，资本账户开放应依据国家当前发展阶段的具体情况，采取渐进的方式，有效防控金融风险，提出了“先长期资金后短期资金，先外国直接投资与其他非债务资金后债务资金，先流入后流出”的资本账户开放次序。各国通常都是在国内经济条件有利、经济增长良好、通胀率较低的背景下推进资本账户开放的（IMF，2016）。我国的资本账户开放历程与国际货币基金组织的建议大体一致，开放速度随国内宏观经济和国际形势的变化而调整（张明，2022）。例如，2013 年共建“一带一路”倡议提出后，我国资本账户开放进程明显加快。2015 年“8・11”汇改后，我国跨境资本大规模流出、人民币汇率大幅贬值，监管部门实施了一系列非对称资本流动管理，吸引资本流入，收紧资本外流，表现出强烈的“宽进严出”特征。

在人民币国际化的进程中，增强汇率灵活性并最终实现人民币汇率“清洁浮动”是一条必由之路。灵活的汇率有助于吸收资本流动带来的外生冲击，增强货币政策的独立性。我国的人民币汇率形成机制改革遵循主动性、可控性、渐进性的原则。2005 年，人民银行宣布进行汇率机制改革，开始实行以市场为基础的、参考一篮子货币进行调节的、有管理的浮动汇率制度，并实施中间价制度。中国人民银行公布每日人民币汇率的收盘价，作为下一个工作日该货币对人民币交易的中间价，汇率波动不得超过这一中间价的 0.3%。而后，这一波动幅度在 2007 年、2012 年、2014 年分别扩大至 0.5%、1%、2%。2015 年 8 月 11 日，人民银行进一步完善人民币汇率市场化形成机制。一方面，在中间价形成机制上充分体现市场供求对汇率形成的决定性作用，提高中间价的市场化程度；另一方面，则顺应市场的力量对人民币汇率适当调整，使汇率向合理均衡水平回归。2017 年 5 月，中国外汇交易中心在人民币兑美元中间价报价机制中引入逆周期因子，旨在对冲市场情绪的顺周期波动，缓解投资者的非理性行为，形成了新的“中间价 = 收盘价 + 一篮子货币汇率变化 + 逆周期因子”定价机制。随着跨境资本流动和外汇供求逐渐趋于平衡，人民银行于 2018 年 1 月对“逆周期因子”进行调整，使其恢复中性，以强化外汇市场的价格发现功能。2018 年 6 月起，人民币汇率快速下跌，市场贬值预期再起，人民银行于 8 月 24 日重启逆周期因子，以适度对冲贬值方向的顺周期情绪。

我国适时合理的资本管制政策和外汇政策对人民币国际化进程形成了有效的支撑，在国内宏观经济和国际金融市场平稳运行的时期对人民币国际化进程形成了助推力，并在经济增速放缓、国际市场波动的时期避免了金融风险的累积。

附录　证明

引理 4.1 的证明：证明汇集报价均衡$(\bar{q},\overline{p_a},\overline{p_b})$，$\overline{p_b}>0$不满足直觉准则。

我们将构架一个可行报价的非空集合。此集合中的报价与$(\bar{q},\overline{p_a},\overline{p_b})$不同，但满足$\chi=L$时的直觉准则条件（4.1）至条件（4.3）。

报价$(\bar{q},\overline{p_a},\overline{p_b})$给购买者带来的收益为

$$U_H=u(\bar{q})-\overline{p_a}\phi_t^A-\overline{p_b}\frac{\phi_{t-1}^B}{\gamma_H^B}\geqslant 0$$

$$U_L=u(\bar{q})-\overline{p_a}\phi_t^A-\overline{p_b}\frac{\phi_{t-1}^B}{\gamma_L^B}\geqslant 0$$

$(\bar{q},\overline{p_a},\overline{p_b})$在$\lambda(\bar{q},\overline{p_a},\overline{p_b})<1$时，被出售者接受的必要条件为$-c(\bar{q})+\overline{p_a}\phi_t^A+\overline{p_b}\phi_{t-1}^B/\gamma_L^B>0$。令$\mathcal{O}_1$表示当 B 国处于低通胀状态时，给出售者带来严格正收益的可行报价集合：

$$\mathcal{O}_1\equiv\left\{(q,p_a,p_b)\in\mathcal{F}:-c(q)+p_a\phi_t^A+p_b\frac{\phi_{t-1}^B}{\gamma_L^B}>0\right\}$$

其中，$\mathcal{O}_1$是$\mathcal{F}$中的开集，且包含$(\bar{q},\overline{p_a},\overline{p_b})$。令$\mathcal{O}_2$表示能提高低通胀状态下的购买者福利但有损于高通胀状态下的购买者福利的可行报价集合：

$$\mathcal{O}_2\equiv\left\{(q,p_a,p_b)\in\mathcal{F}:\frac{\phi_{t-1}^B}{\gamma_H^B}(\overline{p_b}-p_b)<[u(\bar{q})-\overline{p_a}\phi_t^A]-[u(q)-p_a\phi_t^A]<\frac{\phi_{t-1}^B}{\gamma_L^B}(\overline{p_b}-p_b)\right\}$$

其中，$\mathcal{O}_2$是$\mathcal{F}$中的非空开集，它的闭包$\bar{O}_s$包含$(\bar{q},\overline{p_a},\overline{p_b})$。因此，任何$(\bar{q},\overline{p_a},\overline{p_b})$的开球$\mathcal{B}[(\bar{q},\overline{p_a},\overline{p_b}),\epsilon]$与$\mathcal{O}_2$的交集均为空，存在不同于$(\bar{q},\overline{p_a},\overline{p_b})$但满足条件（4.1）和条件（4.2）的可行报价。此外，根据开集的定义，存在半径为$\epsilon>0$的开球使得$\mathcal{B}[(\bar{q},\overline{p_a},\overline{p_b}),\epsilon]\subset\mathcal{O}_1$。因此，在$\mathcal{O}_1$和$\mathcal{O}_2$的交集中，存在满足$\chi=L$时的直觉准则条件（4.1）至条件（4.3）的报价$(\tilde{q},\widetilde{p_a},\widetilde{p_b})$。汇集报价均衡$(\bar{q},\overline{p_a},\overline{p_b})$不满足直觉准则。

引理 4.2 的证明：此证明分三步进行。（1）购买者在高通胀状态下的报价是完全信息报价；（2）购买者在低通胀状态下的报价是最小成本分离报价；（3）构建与均衡报价一致的信念体系。

（1）对任意$\lambda(q,p_a,p_b)\in[0,1]$，我们有

$$-c(q)+p_a\phi_t^A+p_b\left\{\lambda(q,p_a,p_b)\frac{\phi_{t-1}^B}{\gamma_L^B}+[1-\lambda(q,p_a,p_b)]\frac{\phi_{t-1}^B}{\gamma_H^B}\right\}$$

$$\geqslant -c(q)+p_a\phi_t^A+p_b\frac{\phi_{t-1}^B}{\gamma_H^B}\geqslant 0$$

因此，所有满足条件（4.4）的报价都可被出售者接受，完全信息报价所带来的收益是可实现的。所有能够带来更高收益的报价都将违反条件（4.4），即$-c(q)+p_a\phi_t^A+p_b\phi_{t-1}^B/\gamma_H^B<0$。因此，$p_b>0$，$\lambda(q,p_a,p_b)>0$，且

$$p_b\frac{\phi_{t-1}^B}{\gamma_H^B}<p_b\left\{\lambda(q,p_a,p_b)\frac{\phi_{t-1}^B}{\gamma_L^B}+[1-\lambda(q,p_a,p_b)]\frac{\phi_{t-1}^B}{\gamma_H^B}\right\}$$

但这一汇集报价已被引理 4.1 排除。

（2）将高通胀状态下完全信息报价所带来的购买者剩余记为$U_H=u(q^H)-c(q^H)$。将低通胀状态下的购买者剩余记为$U_L\in[0,\bar{U})$。其中，$\bar{U}$是低通胀状态下分离均衡所能带来的最高购买者剩余。我们将证明，

存在一个均衡外报价，此报价能够提高低通胀状态下的购买者福利，但有损高通胀状态下的购买者福利。对任意 $\epsilon>0$，将 U^{ϵ}定义为

$$U^{\epsilon}=\max_{q,p_a,p_b} u(q)-p_a\phi_t^A-p_b\frac{\phi_{t-1}^B}{\gamma_L^B}-$$

$$c(q)+p_a\phi_t^A+p_b\frac{\phi_{t-1}^B}{\gamma_L^B}\geqslant 0$$

$$\text{s. t.}\quad u(q)-p_a\phi_t^A-p_b\frac{\phi_{t-1}^B}{\gamma_H^B}\leqslant U_H-\epsilon$$

$$0\leqslant p_a\leqslant m_t^a$$

$$0\leqslant p_b\leqslant m_t^b$$

若 $\epsilon<U_H$，那么出售者愿意接受的可行报价集合是非空紧集。U^{ϵ}关于 ϵ 是连续的且 $\lim_{\epsilon\to 0}U^{\epsilon}=\bar{U}$。根据极大值定理，存在 $\epsilon>0$ 使得 $U^{\epsilon}>U_L$。这一报价满足条件（4.1）至条件（4.3），故违反了直觉准则。若在某分离均衡中，低通胀状态下的购买者收益高于 $\bar{U}$，那么出售者的参与约束（4.5）和激励相容约束（4.6）至少有一个被违反。因此，在分离均衡中，低通胀状态下的购买者收益不会高于 $\bar{U}$。综上所述，低通胀状态下购买者的报价一定是其最优化问题的解，且 $U_L=\bar{U}$。

（3）满足引理 4.1 的信念体系满足：若$(q^L,p_a^L,p_b^L)\neq(q^H,p_a^H,p_b^H)$，则$\lambda(q^L,p_a^L,p_b^L)=1,\lambda(q^H,p_a^H,p_b^H)=0$；若$(q^L,p_a^L,p_b^L)=(q^H,p_a^H,p_b^H)$，则$\lambda(q^L,p_a^L,p_b^L)=\pi_L^B,\lambda(q^H,p_a^H,p_b^H)=\pi_H^B$。对于均衡外的报价，激励相容约束（4.6）成立时，$\lambda(q,p_a,p_b)=1$，否则 $\lambda(q,p_a,p_b)=0$。违反条件（4.6）的报价同样也违反条件（4.4）。由于这些报价被归结为高通胀状态，因此，他们将被出售者拒绝。

定理 4.1 的证明：购买者的目标函数是连续的，根据极大值定理，在非空紧集中存在最优解。若 $m_t^b=0$，那么参与约束（4.5）下的最优解为

$q^L=\min[q^*,c^{-1}(p_a\phi_t^A)]=q^H$，$p_a^L=c(q^L)\phi_t^A$，$p_b^L=0$。激励相容约束（4.6）变形为 $u(q^L)-c(q^L)\leqslant u(q^H)-c(q^H)$。此不等式显然成立。在下面的证明中，我们将关注 $m_t^b>0$ 的情形。

（1）假设激励相容约束（4.6）是松的。在此假设下，我们有 $q^L=\min\left[q^*,c^{-1}\left(m_t^a\phi_t^A+m_t^b\dfrac{\phi_{t-1}^B}{\gamma_L^B}\right)\right]\geqslant q^H$。利用参与约束（4.5）进行整理，激励相容约束（4.6）变形为

$$u(q^L)-c(q^L)+p_b^L\left(\frac{\phi_{t-1}^B}{\gamma_L^B}-\frac{\phi_{t-1}^B}{\gamma_H^B}\right)\leqslant u(q^H)-c(q^H)$$

若 $\phi_t^A m_t^a<c(q^*)$，那么 $p_b^L>0$ 且激励相容约束（4.6）不被满足，形成矛盾。若 $\phi_t^A m_t^a\geqslant c(q^*)$，那么 $q^H=q^L=q^*$，由以上不等式可知 $p_b^L=0$。

（2）假设参与约束（4.5）是松的。根据以等号成立的激励相容约束（4.6），可解出 $u(q^L)$ 的表达式。将其代入目标函数得到 $U_L=\max\limits_{p_b\in[0,m_t^b]}\left[\left(\dfrac{\phi_{t-1}^B}{\gamma_H^B}-\dfrac{\phi_{t-1}^B}{\gamma_L^B}\right)p_b+U_H\right]=U_H$，$p_b^L=0$。但如果 $p_b^L=0$，那么

$$U_L\leqslant\max[u(q)-\phi_t^A p_a]$$
$$\text{s.t.}\quad -c(q)+\phi_t^A p_a\geqslant 0$$

在这种情况下，$q^L=q^*$，$\phi_t^A p_a^L=c(q^*)$。

（3）假设 $\phi_t^A m_t^a<c(q^*)$时，约束 $p_a^L\leqslant m_t^a$ 是松的，那么 $q^L=q^*$，$p_b^L=0$，$\phi_t^A p_a^L=c(q^*)$。这个解在参与约束（4.5）的条件下使目标函数最大化，$p_b^L=0$ 确保与激励相容约束相符，但 $\phi_t^A p_a^L=c(q^*)$与 $\phi_t^A m_t^a<c(q^*)$相矛盾。因此，$\phi_t^A m_t^a<c(q^*)$时，约束 $p_a^L\leqslant m_t^a$ 一定是紧的。

（4）由于 $p_a^L=m_t^a$ 且参与约束（4.5）是紧的，故 p_b^L 将由等式（4.7）确定。将 p_b^L 的表达式代入以等号成立的激励相容约束（4.6），可以得到等式（4.8）。对于所有 $q^L\in[0,q^H]$，等式（4.8）的左侧总是严格递增

的。当 $q^L=0$ 时，它的值为非正。根据高通胀状态下的议价结果可知，$c(q^H)>\phi_t^A m_t^a$。在此情况下，当 $q^L=q^H$ 时，等式（4.8）左侧的值大于 $u(q^H)-c(q^H)$。事实上，若 $\phi_t^A m_t^a<c(q^*)$，则

$$c(q^H)=\min\left[c(q^*),\phi_t^A m_t^a+\frac{\phi_{t-1}^B}{\gamma_H^B}m_t^b\right]>\phi_t^A m_t^a$$

因此，存在等式（4.8）的唯一解 $q^L\in(0,q^H)$。对于等式（4.8）的任意解，目标函数

$$u(q^L)-c(q^L)=u(q^H)-c(q^H)-\left(1-\frac{\gamma_L^B}{\gamma_H^B}\right)[c(q^L)-m_t^a\phi_t^A]$$

的值随 q^L 递减。因此，$(0,q^H)$区间内的唯一解是低通胀状态下议价问题的极大值解。给定 q^L 的唯一解，d_b^L 将由等式（4.7）确定。最后，

$$c(q^L)=\phi_t^A m_t^a+\frac{\phi_{t-1}^B}{\gamma_L^B}p_b^L<c(q^H)=\phi_t^A p_a^H+\frac{\phi_{t-1}^B}{\gamma_H^B}p_b^H\leqslant\phi_t^A m_t^a+\frac{\phi_{t-1}^B}{\gamma_H^B}m_t^b$$

由此可知，$p_b^L<m_t^b$。根据等式（4.8）可知，$q^L<q^H$ 意味着 $c(q^L)-\phi_t^A m_t^a>0$。根据等式（4.7）可知，$p_b^L>0$。

定理 4.2 的证明：根据定理 4.1，$\phi_t^A m_t^a<c(q^*)$时，q^L 是$[0,q^H]$区间内等式（4.8）的唯一解。对等式（4.8）求导可得

$$\frac{\partial q^L}{\partial\gamma_H^B}=-\frac{\left[\frac{u'(q^H)}{c'(q^H)}-1\right]m_t^b\frac{\phi_{t-1}^B}{(\gamma_H^B)^2}+p_b^L\frac{\phi_{t-1}^B}{(\gamma_H^B)^2}}{u'(q^L)-\frac{\gamma_L^B}{\gamma_H^B}c'^{(q^L)}}<0$$

$$\frac{\partial q^L}{\partial\gamma_L^B}=\frac{p_b^L\frac{\phi_{t-1}^B}{\gamma_H^B\gamma_L^B}}{u'(q^L)-\frac{\gamma_L^B}{\gamma_H^B}c'(q^L)}>0$$

其中，$q^H=\min\left[q^*,\ c^{-1}\left(m_t^a\phi_t^A+m_t^b\frac{\phi_{t-1}^B}{\gamma_H^B}\right)\right]$，$p_b^L>0$。根据等式（4.7）

可得

$$\frac{\partial p_b^L}{\partial \gamma_H^B}=\frac{c'(q^L)\gamma_L^B}{\phi_{t-1}^B}\frac{\partial q^L}{\partial \gamma_H^B}<0$$

$$\frac{\partial p_b^L}{\partial \gamma_L^B}=\frac{u'(q^L)}{u'(q^L)-\frac{\gamma_L^B}{\gamma_H^B}c'(q^L)}\frac{p_b^L}{\gamma_L^B}>0$$

由 $\pi_H^B/\gamma_H^B+\pi_L^B/\gamma_L^B=1/\bar{\gamma}^B$ 可知

$$\frac{\mathrm{d}p_b^L}{\mathrm{d}\gamma_H^B}=\frac{\partial p_b^L}{\partial \gamma_H^B}-\frac{\pi_H^B}{\pi_L^B}\left(\frac{\gamma_L^B}{\gamma_H^B}\right)^2\frac{\partial p_b^L}{\partial \gamma_L^B}<0$$

定理 4.3 的证明：根据等式（4.8），当 $\gamma_H^B\to\infty$ 时，q^L 趋向于方程 $u(q^L)-m_t^a\phi_t^A=u(q^H)-c(q^H)=u(q^H)-m_t^a\phi_t^A$ 的解。当 $m_t^a\phi_t^A<c(q^*)$时，$q^H=c^{-1}(m_t^a\phi_t^A)$，因此，$q^L\to q^H$。根据等式（4.7）可知，$p_b^L=[c(q^L)-m_t^a\phi_t^A]\frac{\gamma_L^B}{\phi_{t-1}^B}\to 0$。

定理 4.4 的证明：根据定理 4.1，若 $m_t^a\phi_t^A<c(q^*)$时，则 q^L 是等式（4.8）在$[0,q^H]$区间内的唯一解。对等式（4.8）求导可得

$$\frac{\partial q^L}{\partial(m_t^a\phi_t^A)}=\frac{\frac{u'(q^H)}{c'(q^H)}-\frac{\gamma_L^B}{\gamma_H^B}}{u'(q^L)-\frac{\gamma_L^B}{\gamma_H^B}c'^{(q^L)}}>0$$

由等式（4.7）可得

$$\frac{\partial\left(p_b^L\frac{\phi_{t-1}^B}{\gamma_L^B}\right)}{\partial(m_t^a\phi_t^A)}=c'(q^L)\frac{\partial q^L}{\partial(m_t^a\phi_t^A)}-1$$

整理可得等式（4.9）。由 $m_t^b>0$ 的假设可知，$q^H>q^L$，$\frac{\partial(p_b^L\phi_{t-1}^B/\gamma_L^B)}{\partial(m_t^a\phi_t^A)}<0$。

$\frac{\partial p_b^L}{\partial m_t^b}$可通过类似的方法推导而得。

定理 4.5 的证明：通过验证可知，当 $z_a/\gamma_H^A + z_b/\gamma_H^B < c(q^*)$ 时，最优化问题（4.10）的黑塞矩阵 $\boldsymbol{H}$ 满足 $|\boldsymbol{H}|>0$，因此，一阶条件是购买者最优化问题的充要条件。

下面我们考虑 $\bar{\gamma}^A > \beta$，$\bar{\gamma}^B > \beta$ 的情形。假设最优化问题（4.10）的解满足 $z_a/\gamma_H^A + z_b/\gamma_H^B > c(q^*)$，那么 $E^j[S_a(z_a^j, z_b^j)] = E^j[S_b(z_a^j, z_b^j)] = 0$，这意味着 $z_a^j = z_b^j = 0$。但 $E^j[S_a(0,0)] > 0$，$E^j[S_b(0,0)] > 0$ 构成矛盾。因此，最优化问题（4.10）的解必定满足 $z_a/\gamma_H^A + z_b/\gamma_H^B \leqslant c(q^*)$。因此，我们可在紧集 $\{(z_a^j, z_b^j) \in R^{2+} : z_a/\gamma_H^A + z_b/\gamma_H^B \leqslant c(q^*)\}$ 中寻找最优化问题的解。根据极大值定理，最优化问题的解存在且满足一阶条件。对于所有满足 $z_a/\gamma_H^A + z_b/\gamma_H^B < c(q^*)$ 的 (z_a^j, z_b^j)，$\boldsymbol{H}$ 是负定的，故此解是唯一解。

若 $\bar{\gamma}^A = \beta$，则 $E^j[S_a(z_a^j, z_b^j)] = 0$，这意味着 $z_a/\gamma_H^A + z_b/\gamma_H^B \geqslant c(q^*)$。若 $\bar{\gamma}^B = \beta$，可得到相同的结论。

引理 4.3 的证明：当两国对称时，$\sigma_F^A = \sigma_F^B = \sigma_F$，$\mu^{AA} = \mu^{BB} = (1-\sigma_F)/4$，$\mu^{AB} = \mu^{BA} = \sigma_F/4$。在 8 种不同的情形下，DM 阶段贸易利得的偏导数满足：

$$S_a^{HHA} = S_b^{HHA}, S_a^{LLA} > S_b^{LLA}, S_a^{HLA} > S_b^{HLA}, S_a^{LHA} > S_b^{LHA}$$

$$S_a^{HHB} = S_b^{HHB}, S_a^{LLB} < S_b^{LLB}, S_a^{HLB} < S_b^{HLB}, S_a^{LHB} < S_b^{LHB}$$

$$S_{aa}^{HHA} = S_{ab}^{HHA} = S_{bb}^{HHA}, S_{aa}^{HLA} > S_{ab}^{HLA} > S_{bb}^{HLA}$$

$$S_{aa}^{LHA} > S_{ab}^{LHA} > S_{bb}^{LHA}, S_{aa}^{LLA} > S_{ab}^{LLA} > S_{bb}^{LLA}$$

$$S_{aa}^{HHB} = S_{ab}^{HHB} = S_{bb}^{HHB}, S_{aa}^{HLB} < S_{ab}^{HLB} < S_{bb}^{HLB}$$

$$S_{aa}^{LHB} < S_{ab}^{LHB} < S_{bb}^{LHB}, S_{aa}^{LLB} < S_{ab}^{LLB} < S_{bb}^{LLB}$$

因此，在对称均衡中，$S_a^{XXA} = S_b^{XXB} > S_a^{XXB} = S_b^{XXA}$，$S_{aa}^{XXA} = S_{bb}^{XXB} > S_{ab}^{XXA} = S_{ab}^{XXB} > S_{bb}^{XXA} = S_{aa}^{XXB}$。其中，上角标 XXj 代表当配对交易发生在 j 国时，对 4 种通胀状态的期望。例如，$S_a^{XXj} = S_a^{HHj}\pi_{HH} + S_a^{HLj}\pi_{HL} + S_a^{LHj}\pi_{LH} + S_a^{LLj}\pi_{LL}$。

稳态均衡中名义汇率由

$$e_t=\frac{\phi_t^B}{\phi_t^A}=\frac{Z^B}{Z^A}\frac{M_{t+1}^A}{M_{t+1}^B}=\frac{z_b^A+z_b^BN}{z_a^A+z_a^BN}\frac{M_{t+1}^A}{M_{t+1}^B}$$

确定。由于 $M_{t+1}^A M_{t+1}^B$ 是外生给定的，我们在下面的证明中只关注等式右侧第一项的值。根据对称性，引理 4.3 中（1）和（2）的结论显然成立。

引理 4.3 中（3）结论，考虑 A 国购买者。(z_a^A,z_b^A) 满足：

$$\left(\frac{1}{\beta}-\frac{1}{\bar{\gamma}^A}\right)\geqslant E^A[S_a(z_a^A,z_b^A)]=\frac{1}{2}(1-\sigma_F^A)S_a^{XXA}(z_a^A,z_b^A)+\frac{1}{2}\sigma_F^A S_a^{XXB}(z_a^A,z_b^A)$$

$$\left(\frac{1}{\beta}-\frac{1}{\bar{\gamma}^B}\right)\geqslant E^A[S_b(z_a^A,z_b^A)]=\frac{1}{2}(1-\sigma_F^A)S_b^{XXA}(z_a^A,z_b^A)+\frac{1}{2}\sigma_F^A S_b^{XXB}(z_a^A,z_b^A)$$

若 $\sigma_F^A=\sigma_F^B=1/2$，那么在任意货币均衡中有 $z_a^A=z_b^A>0$。将上述一阶条件进行全微分，通过整理变形可得

$$\partial\begin{pmatrix}z_a^j\\ z_b^j\end{pmatrix}\Big/\partial N=-\frac{1}{16|\boldsymbol{H}|}[E^j(S_{aa})+E^j(S_{ab})](S_a^{XXA}-S_b^{XXA})\begin{pmatrix}-1\\ 1\end{pmatrix}$$

$$\partial\begin{pmatrix}z_a^A\\ z_b^A\end{pmatrix}\Big/\partial \sigma_F^A=-\frac{3}{8|\boldsymbol{H}|}[E^j(S_{aa})+E^j(S_{ab})](S_a^{XXA}-S_b^{XXA})\begin{pmatrix}-1\\ 1\end{pmatrix}$$

$$\partial\begin{pmatrix}z_a^B\\ z_b^B\end{pmatrix}\Big/\partial \sigma_F^A=-\frac{1}{8|\boldsymbol{H}|}[E^j(S_{aa})+E^j(S_{ab})](S_a^{XXA}-S_b^{XXA})\begin{pmatrix}1\\ -1\end{pmatrix}$$

根据以上结果可知，均衡汇率 e_t 随 B 国人口 N 和 A 国的开放度 σ_F^A 递增，即

$$\frac{\partial e_t}{\partial N}=\frac{\left(\dfrac{\partial z_b^A}{\partial N}+\dfrac{\partial z_b^B}{\partial N}\right)-\left(\dfrac{\partial z_a^A}{\partial N}+\dfrac{\partial z_a^B}{\partial N}\right)}{z_a^A+z_a^B}\frac{M_{t+1}^A}{M_{t+1}^B}>0$$

$$\frac{\partial e_t}{\partial \sigma_F^A}=\frac{\left(\dfrac{\partial z_b^A}{\partial \sigma_F^A}+\dfrac{\partial z_b^B}{\partial \sigma_F^A}\right)-\left(\dfrac{\partial z_a^A}{\partial \sigma_F^A}+\dfrac{\partial z_a^B}{\partial \sigma_F^A}\right)}{z_a^A+z_a^B}\frac{M_{t+1}^A}{M_{t+1}^B}>0$$

根据连续性，上述结果在 $\sigma_F^A=\sigma_F^B=1/2$ 的邻域中也成立。

引理4.3中（4）结论，若 $\sigma_F^A=\sigma_F^B=0$，由于 $S_a^{XXA}>S_b^{XXA}$，故 $(1/\beta-1/\bar{\gamma}^A)=\frac{1}{2}S_a^{XXA}(z_a^A,z_b^A)$，$(1/\beta-1/\bar{\gamma}^B)>\frac{1}{2}S_b^{XXA}(z_a^A,z_b^A)$。这意味着 $z_a^A>0$，$z_b^A=0$。根据连续性，在 $\sigma_F^A=\sigma_F^B=0$ 的邻域内，$z_a^A=z_b^B>0$，$z_b^A=z_a^B=0$。

将一阶条件进行全微分，通过整理变形可得

$$\frac{\partial z_a^A}{\partial N}=\frac{1}{E^A[S_{aa}(z_a^A,0)]}[(1-\sigma_F)S_a^{XXA}(z_a^A,0)-\sigma_F S_a^{XXB}(z_a^A,0)]\frac{\sigma_F}{4}$$

$$\frac{\partial z_b^B}{\partial N}=\frac{1}{E^B[S_{bb}(0,z_b^B)]}[\sigma_F S_b^{XXA}(0,z_b^B)-(1-\sigma_F)S_b^{XXB}(0,z_b^B)]\frac{\sigma_F}{4}$$

$$\frac{\partial z_a^A}{\partial \sigma_F^A}=\frac{1}{4E^A[S_{aa}(z_a^A,0)]}[(1+\sigma_F)S_a^{XXA}(z_a^A,0)-(2-\sigma_F)S_a^{XXB}(z_a^A,0)]$$

$$\frac{\partial z_b^B}{\partial \sigma_F^A}=\frac{1}{4E^B[S_{bb}(0,z_b^B)]}[-\sigma_F S_b^{XXA}(0,z_b^B)+(1-\sigma_F)S_b^{XXB}(0,z_b^B)]$$

因此，当 σ_F^j 足够小时，我们有

$$\frac{\partial e_t}{\partial \sigma_F^A}=\frac{-\sigma_F S_a^{XXA}(z_a^A,0)+(1-\sigma_F)S_a^{XXB}(z_a^A,0)}{2E^B[S_{bb}(0,z_b^B)]z_a^A}\frac{M_{t+1}^A}{M_{t+1}^B}<0$$

$$\frac{\partial e_t}{\partial N}=\left(1+\frac{\frac{\partial z_b^B}{\partial N}-\frac{\partial z_a^A}{\partial N}}{z_a^A}\right)\frac{M_{t+1}^A}{M_{t+1}^B}>0$$

定理4.6的证明：

$$e_t=\frac{\phi_t^B}{\phi_t^A}=\frac{Z^B}{Z^A}\frac{M_{t+1}^A}{M_{t+1}^B}=\frac{Z^B}{Z^A}\frac{M_t^A}{M_t^B}\frac{\gamma_t^A}{\gamma_t^B}=\left(\frac{Z^B}{Z^A}\frac{\bar{\gamma}^A}{\bar{\gamma}^B}\right)\frac{M_t^A}{M_t^B}\left(\frac{\gamma_t^A}{\bar{\gamma}^A}\frac{\bar{\gamma}^B}{\gamma_t^B}\right)$$

其中，M_t^A/M_t^B 是 $t-1$ 期确定的，$\gamma_t^A/\bar{\gamma}^A$ 和 $\gamma_t^B/\bar{\gamma}^B$ 取决于两国的通胀不确定性。因此，我们将主要分析等式右侧的第一项。

令 $d_a=z_a\bar{\gamma}^A$，$d_b=z_b\bar{\gamma}^B$，那么 $(Z^B\bar{\gamma}^A)/(Z^A\bar{\gamma}^B)=(d_b^A+d_b^BN)/$

$(d_a^A+d_a^BN)$。一阶条件可变形为

$$-\left(\frac{\bar{\gamma}^A}{\beta}-1\right)+E^j[S_a(d_a^j,d_b^j)]\leqslant 0\text{，等号成立当且仅当 } d_a^j>0$$

$$-\left(\frac{\bar{\gamma}^B}{\beta}-1\right)+E^j[S_b(d_a^j,d_b^j)]\leqslant 0\text{，等号成立当且仅当 } d_b^j>0$$

（1）若 $d_a^j>0$，$d_b^j>0$，则两个一阶条件以等号成立。对一阶条件进行全微分可知 $\frac{\partial d_a^j}{\partial\bar{\gamma}^A}\leqslant 0$，$\frac{\partial d_b^j}{\partial\bar{\gamma}^A}\geqslant 0$，$\frac{\partial d_a^j}{\partial\bar{\gamma}^B}\geqslant 0$，$\frac{\partial d_b^j}{\partial\bar{\gamma}^B}\leqslant 0$。

（2）若 $d_a^j=0$，$d_b^j>0$，则 $-\left(\frac{\bar{\gamma}^A}{\beta}-1\right)+E^j[S_a(0,d_b^j)]<0$，$-\left(\frac{\bar{\gamma}^B}{\beta}-1\right)+E^j[S_b(0,d_b^j)]=0$。此时，$\frac{\partial d_a^j}{\partial\bar{\gamma}^A}=0$，$\frac{\partial d_b^j}{\partial\bar{\gamma}^A}=0$，$\frac{\partial d_a^j}{\partial\bar{\gamma}^B}=0$，$\frac{\partial d_b^j}{\partial\bar{\gamma}^B}\leqslant 0$。

（3）若 $d_a^j>0$，$d_b^j=0$，则 $-\left(\frac{\bar{\gamma}^A}{\beta}-1\right)+E^j[S_a(d_a^j,0)]=0$，$-\left(\frac{\bar{\gamma}^B}{\beta}-1\right)+E^j[S_b(d_a^j,0)]<0$。此时，$\frac{\partial d_a^j}{\partial\bar{\gamma}^A}\leqslant 0$，$\frac{\partial d_b^j}{\partial\bar{\gamma}^A}=0$，$\frac{\partial d_a^j}{\partial\bar{\gamma}^B}=0$，$\frac{\partial d_b^j}{\partial\bar{\gamma}^B}=0$。

当 $\bar{\gamma}^A>\beta$，$\bar{\gamma}^B>\beta$ 时，$d_a^j\frac{\bar{\gamma}^A}{\gamma_H^A}+d_b^j\frac{\bar{\gamma}^B}{\gamma_H^B}<c(q^*)$，以上不等式严格成立。随着 $\bar{\gamma}^A$ 逐渐增大，在 (AB,AB)，(A,AB)，(AB,A) 区域内，$d_b^A+d_b^BN$ 增大，$d_a^A+d_a^BN$ 减小；在 (A,B) 区域内，$d_b^A+d_b^BN$ 不变，$d_a^A+d_a^BN$ 减小。因此，在所有货币模式下，$\left(\frac{Z^B}{Z^A}\frac{\bar{\gamma}^A}{\bar{\gamma}^B}\right)$ 都随 $\bar{\gamma}^A$ 的增大而升高。

定理 4.7 的证明：世界总福利在双重弗里德曼准则下达到最大值，此时，所有配对交易均可达到最优产出水平 q^*。根据包络定理，我们可对社会规划者的目标函数进行全微分，来评估在 $\bar{\gamma}^j=\beta$ 邻域内改变 $\bar{\gamma}^j$ 所带来的福利效果。由于 $S'(q^*)=0$，计算 $\mathcal{W}$ 相对于 $\bar{\gamma}^A$ 和 $\bar{\gamma}^B$ 的导数可得 $\left.\frac{\mathrm{d}\mathcal{W}}{\mathrm{d}\bar{\gamma}^A}\right|_{\bar{\gamma}^A=\bar{\gamma}^B=\beta}=0$，$\left.\frac{\mathrm{d}\mathcal{W}}{\mathrm{d}\bar{\gamma}^B}\right|_{\bar{\gamma}^A=\bar{\gamma}^B=\beta}=0$。因此，社会规划者没

有提高平均通胀率的动机。

定理4.8的证明：B国遵从弗里德曼准则，因此，货币B的持有成本为0。两国购买者将持有足够的货币B来克服相关约束，在所有配对交易中达到最优产量q^*。因此，提高A国平均通胀率只影响B国处于低通胀状态时与A国出售者进行的配对交易，即HLA和LLA两种情况。由于货币B的持有成本为0，所有其他情形都将达到最优产量q^*。

当$\bar{\gamma}^B=\beta$时，B国购买者的一阶条件是

$$\mu^{BA}[\pi_{HL}S_a^{HLA}(z_a^B,z_b^B)+\pi_{LL}S_a^{LLA}(z_a^B,z_b^B)]=\frac{1}{\beta}-\frac{1}{\bar{\gamma}^A}$$

在$\bar{\gamma}^A=\bar{\gamma}^B=\beta$处对其进行微分，可得

$$\mu^{BA}[\pi_{HL}S_{aa}^{HLA}(z_a^B,z_b^B)+\pi_{LL}S_{aa}^{LLA}(z_a^B,z_b^B)]\frac{\partial z_a^B}{\partial\bar{\gamma}^A}=\frac{1}{\beta^2} \tag{1}$$

其中，$S_{aa}^{HLA}\leqslant 0$，$S_{aa}^{LLA}\leqslant 0$。因此，$\frac{\partial z_a^B}{\partial\bar{\gamma}^A}\leqslant 0$且

$$\left.\frac{\partial\mathcal{W}^A}{\partial\bar{\gamma}^A}\right|_{\bar{\gamma}^A=\bar{\gamma}^B=\beta}=\frac{N}{1-\beta}\left[\frac{\partial z_a^B}{\partial\bar{\gamma}^A}\left(1-\frac{1}{\beta}\right)+z_a^B\frac{1}{\beta^2}\right]>0$$

对等式（1）进行展开变形可得

$$\mu^{BA}\pi_L^B\left(1-\frac{\gamma_L^B}{\gamma_H^B}\right)^2\frac{u''(q^*)-c''(q^*)}{\left[u'(q^*)-\frac{\gamma_L^B}{\gamma_H^B}c'(q^*)\right]^2}\left[\pi_H^A\left(\frac{\bar{\gamma}^A}{\gamma_H^A}\right)^2+\pi_L^A\left(\frac{\bar{\gamma}^A}{\gamma_L^A}\right)^2\right]\frac{\partial z_a^B}{\partial\bar{\gamma}^A}=1$$

其中，$\pi_H^A(\bar{\gamma}^A/\gamma_H^A)^2+\pi_L^A(\bar{\gamma}^A/\gamma_L^A)^2=\mathrm{Var}(\bar{\gamma}^A/\gamma_t^A)+1$，因此，当A国通胀不确定性升高时，提高平均通胀率的动机$\left.\frac{\partial\mathcal{W}^A}{\partial\bar{\gamma}^A}\right|_{\bar{\gamma}^A=\bar{\gamma}^B=\beta}$降低。

参考文献

[1] 韩晗. 新货币主义经济学研究进展 [J]. 金融科学，2014 (1)：95 - 108.

[2] 韩剑，许亚云. RCEP 及亚太区域贸易协定整合——基于协定文本的量化研究. 中国工业经济，2021 (7)：81 - 99.

[3] 任力，朱东波，洪喆. 新货币主义经济学研究进展 [J]. 经济学动态，2016 (4)：106 - 115.

[4] 张明. 跨境资本流动新特征与资本账户开放新讨论 [J]. 财经智库，2022，7 (1)：111 - 134，152.

[5] 中国人民大学国际货币研究所. 人民币国际化报告·2023：更广泛多层次经贸合作 [M]. 北京：中国人民大学出版社，2003.

[6] 中国社会科学院世界经济与政治研究所，虹桥国际经济论坛研究中心. 世界开放报告·2022 [M]. 北京：中国社会科学出版社，2022.

[7] 中央国债登记结算有限责任公司人民币国际化研究课题组. 人民币国际化理论与实践 [M]. 北京：中国金融出版社，2019.

[8] Aiyagari S R, Wallace N. Government transaction policy, the medium of exchange, and welfare [J]. Journal of Economic Theory, 1997, 74 (1): 1 - 18.

[9] Alchian A A. Why money? [J]. Journal of Money, Credit and

Banking, 1977, 9 (1): 133 – 140.

[10] Aruoba S B, Rocheteau G, Waller C. Bargaining and the value of money [J]. Journal of Monetary Economics, 2007, 54 (8): 2636 – 2655.

[11] Bacchetta P, Van Wincoop E. A theory of the currency denomination of international trade [J]. Journal of International Economics, 2005, 67 (2): 295 – 319.

[12] Baier S L, Bergstrand J H, Feng M. Economic integration agreements and the margins of international trade [J]. Journal of International Economics, 2014, 93 (2): 339 – 350.

[13] Bajaj A. Undefeated equilibria of the Shi-Trejos-Wright model under adverse selection [J]. Journal of Economic Theory, 2018, 176: 957 – 986.

[14] Berentsen A, Rocheteau G, Shi S. Friedman meets hosios: Efficiency in search models of money [J]. The Economic Journal, 2007, 117 (516): 174 – 195.

[15] Bergsten C F. The dollar and the euro [J]. Foreign Affairs, 1997, 76 (4): 83 – 95.

[16] Betts C, Devereux M B. International monetary policy coordination and competitive depreciation: A reevaluation [J]. Journal of Money, Credit and Banking, 2000, 32 (4): 722 – 745.

[17] Camera G, Craig B, Waller C J. Currency competition in a fundamental model of money [J]. Journal of International Economics, 2004, 64 (2): 521 – 544.

[18] Camera G, Winkler J. International monetary trade and the law of one price [J]. Journal of Monetary Economics, 2003, 50 (7): 1531 – 1553.

[19] Cavalcanti R D O, Wallace N. A model of private bank-note issue [J]. Review of Economic Dynamics, 1999b, 2 (1): 104 – 136.

[20] Cavalcanti R D O, Wallace N. Inside and outside money as alternative media of exchange [J]. Journal of Money, Credit and Banking, 1999a, 31 (3): 443 – 457.

[21] Cho I K, Kreps D M. Signaling games and stable equilibria [J]. The Quarterly Journal of Economics, 1987, 102 (2): 179 – 221.

[22] Choi M. Imperfect information transmission and adverse selection in asset markets [J]. Journal of Economic Theory, 2018, 176: 619 – 649.

[23] Clarida R, Galı J, Gertler M. A simple framework for international monetary policy analysis [J]. Journal of Monetary Economics, 2002, 49 (5): 879 – 904.

[24] Corsetti G, Pesenti P. International dimensions of optimal monetary policy [J]. Journal of Monetary Economics, 2005, 52 (2): 281 – 305.

[25] Corsetti G, Pesenti P. Welfare and macroeconomic interdependence [J]. The Quarterly Journal of Economics, 2001, 116 (2): 421 – 445.

[26] Craig B R, Waller C J. Dual-currency economies as multiple-payment systems [J]. Economic Review, 2000, 36 (1): 2 – 13.

[27] Curtis E S, Waller C J. A search-theoretic model of legal and illegal currency [J]. Journal of Monetary Economics, 2000, 45 (1): 155 – 184.

[28] DeMarzo P, Duffie D. A liquidity-based model of security design [J]. Econometrica, 1999, 67 (1): 65 – 99.

[29] Devereux M B, Engel C. Monetary policy in the open economy revisited: Price setting and exchange-rate flexibility [J]. The Review of Economic Studies, 2003, 70 (4): 765 – 783.

[30] Devereux M B, Shi S. Vehicle currency [J]. International Economic Review, 2013, 54 (1): 97 - 133.

[31] Ding S, Puzzello D. Legal restrictions and international currencies: An experimental approach [J]. Journal of International Economics, 2020, 126: 103342.

[32] Ferraris L, Watanabe M. Collateral fluctuations in a monetary economy [J]. Journal of Economic Theory, 2011, 146 (5): 1915 - 1940.

[33] Geromichalos A, Jung K M. An Over-the-counter approach to the forex market [J]. International Economic Review, 2018, 59 (2): 859 - 905.

[34] Geromichalos A, Simonovska I. Asset liquidity and international portfolio choice [J]. Journal of Economic Theory, 2014, 151: 342 - 380.

[35] Goldberg L S, Tille C. Vehicle currency use in international trade [J]. Journal of International Economics, 2008, 76 (2): 177 - 192.

[36] Gomis-Porqueras P, Kam T, Waller C. Nominal exchange rate determinacy under the threat of currency counterfeiting [J]. American Economic Journal: Macroeconomics, 2017, 9 (2): 256 - 273.

[37] Gopinath G, Itskhoki O, Rigobon R. Currency choice and exchange rate pass-through [J]. American Economic Review, 2010, 100 (1): 304 - 336.

[38] Grassman S. Currency distribution and forward cover in foreign trade: Sweden revisited, 1973 [J]. Journal of International Economics, 1976, 6 (2): 215 - 221.

[39] Green E J, Weber W E. Will the new $100 bill decrease counterfeiting [J]. Federal Reserve Bank of Minneapolis Quarterly Review, 1996, 20: 3 - 10.

[40] Guerrieri V, Shimer R, Wright R. Adverse selection in competitive search equilibrium [J]. Econometrica, 2010, 78 (6): 1823 - 1862.

[41] Head A, Shi S. A fundamental theory of exchange rates and direct currency trades [J]. Journal of Monetary Economics, 2003, 50 (7): 1555 - 1591.

[42] Hosios A J. On the efficiency of matching and related models of search and unemployment [J]. The Review of Economic Studies, 1990, 57 (2): 279 - 298.

[43] Hu T W, Kennan J, Wallace N. Coalition-proof trade and the Friedman rule in the Lagos-Wright model [J]. Journal of Political Economy, 2009, 117 (1): 116 - 137.

[44] IMF. Capital Flows-Review of Experience with the Institutional View [R]. 2016.

[45] IMF. Guidance note for the liberalization and management of capital flows [R]. 2013.

[46] Ishise H. Optimal long-run inflation rate in an open economy [J]. European Economic Review, 2022, 148: 104223.

[47] Jevons W S. Money and the mechanism of exchange [M]. New York: D. Appleton and Co, 1875.

[48] Jiang J H, Zhang C. Competing currencies in the laboratory [J]. Journal of Economic Behavior & Organization, 2018, 154: 253 - 280.

[49] Kalai E. Proportional solutions to bargaining situations: Interpersonal utility comparisons [J]. Econometrica: Journal of the Econometric Society, 1977, 45 (7): 1623 - 1630.

[50] Kareken J, Wallace N. On the indeterminacy of equilibrium exchange

rates [J]. The Quarterly Journal of Economics, 1981, 96 (2): 207 -222.

[51] Kehoe T J, Kiyotaki N, Wright R. More on money as a medium of exchange [J]. Economic Theory, 1993, 3 (2): 297 -314.

[52] Kiyotaki N, Wright R. A contribution to the pure theory of money [J]. Journal of Economic Theory, 1991, 53 (2): 215 -235.

[53] Kiyotaki N, Wright R. A search-theoretic approach to monetary economics [J]. The American Economic Review, 1993, 83 (1): 63 -77.

[54] Kiyotaki N, Wright R. On money as a medium of exchange [J]. Journal of Political Economy, 1989, 97 (4): 927 -954.

[55] Kocherlakota N R. Money is memory [J]. Journal of Economic Theory, 1998, 81 (2): 232 -251.

[56] Kohlberg E, Mertens J F. On the strategic stability of equilibria [J]. Econometrica: Journal of the Econometric Society, 1986, 54 (5): 1003 -1037.

[57] Krugman P R. The international role of the dollar: Theory and prospect [M] //John Foilson, Richard C. Marston. Exchange rate theory and practice. Chicago: University of Chicago Press, 1984.

[58] Kultti K. A monetary economy with counterfeiting [J]. Journal of Economics, 1996, 63: 175 -186.

[59] Lagos R, Rocheteau G, Wright R. The art of monetary theory: A new monetarist perspective [J]. Journal of Economic Literature, 2017, 55 (3): 1 -70.

[60] Lagos R, Wright R. A unified framework for monetary theory and policy analysis [J]. Journal of Political Economy, 2005, 113 (3): 463 -484.

[61] Law J. Money and trade considered with a proposal for supplying the nation with money [M]. Edinburgh: The Heirs and Successors of Andrew Anderson, 1705.

[62] Lee S, Jung K M. A Liquidity-based resolution of the uncovered interest parity puzzle [J]. Journal of Money, Credit and Banking, 2020, 52 (6): 1397 - 1433.

[63] Lerner A P. Money as a creature of the state [J]. The American Economic Review, 1947, 37 (2): 312 - 317.

[64] Lester B, Postlewaite A, Wright R. Information, liquidity, asset prices, and monetary policy [J]. The Review of Economic Studies, 2012, 79 (3): 1209 - 1238.

[65] Liu Q, Shi S. Currency areas and monetary coordination [J]. International Economic Review, 2010, 51 (3): 813 - 836.

[66] Liu T, Lu D, Woo W T. Trade, finance and international currency [J]. Journal of Economic Behavior & Organization, 2019, 164: 374 - 413.

[67] Li Y, Matsui A. A theory of international currency: Competition and discipline [J]. Journal of the Japanese and International Economies, 2009, 23 (4): 407 - 426.

[68] Li Y, Rocheteau G, Weill P O. Liquidity and the threat of fraudulent assets [J]. Journal of Political Economy, 2012, 120 (5): 815 - 846.

[69] Li Y, Wright R. Government transaction policy, media of exchange, and prices [J]. Journal of Economic Theory, 1998, 81 (2): 290 - 313.

[70] Lucas Jr R E. Asset prices in an exchange economy [J]. Econometrica, 1978, 46 (6): 1429 - 1445.

[71] Lucas Jr R E. Interest rates and currency prices in a two-country world [J]. Journal of Monetary Economics, 1982, 10 (3): 335 – 359.

[72] Lyons R K, Moore M J. An information approach to international currencies [J]. Journal of International Economics, 2009, 79 (2): 211 – 221.

[73] Madison F. Frictional asset reallocation under adverse selection [J]. Journal of Economic Dynamics and Control, 2019, 100: 115 – 130.

[74] Matsuyama K, Kiyotaki N, Matsui A. Toward a theory of international currency [J]. The Review of Economic Studies, 1993, 60 (2): 283 – 307.

[75] McKinnon R I, Pill H. International overborrowing: A decomposition of credit and currency risks [J]. World Development, 1998, 26 (7): 1267 – 1282.

[76] Menger K. On the origin of money [J]. The Economic Journal, 1892, 2 (6): 239 – 255.

[77] Menzio G, Shi S, Sun H. A monetary theory with non-degenerate distributions [J]. Journal of Economic Theory, 2013, 148 (6): 2266 – 2312.

[78] Molico M. The distribution of money and prices in search equilibrium [J]. International Economic Review, 2006, 47 (3): 701 – 722.

[79] Mortensen D T. Property rights and efficiency in mating, racing, and related games [J]. The American Economic Review, 1982, 72 (5): 968 – 979.

[80] Mundell R A. What the euro means for the dollar and the international monetary system [J]. Atlantic Economic Journal, 1998, 26: 227 – 237.

[81] Myers S C. The capital structure puzzle [J]. The Journal of Finance, 1984, 39 (3): 574 – 592.

[82] Nosal E, Wallace N. A Model of (the threat of) counterfeiting [J]. Journal of Monetary Economics, 2007, 54 (4): 994 - 1001.

[83] Obstfeld M, Rogoff K. Exchange rate dynamics redux [J]. Journal of Political Economy, 1995, 103 (3): 624 - 660.

[84] Obstfeld M, Rogoff K. Exchange rate dynamics with sluggish prices under alternative price-adjustment rules [J]. International Economic Review, 1984, 25: 159 - 174.

[85] Osborne M J, Rubinstein A. Bargaining and markets [M]. SanDiego: Academic Press, 1990.

[86] Rey H. International trade and currency exchange [J]. The Review of Economic Studies, 2001, 68 (2): 443 - 464.

[87] Rietz J. Secondary currency acceptance: Experimental evidence with a dual currency search model [J]. Journal of Economic Behavior & Organization, 2019, 166: 403 - 431.

[88] Rocheteau G, Nosal E. Money, payments, and liquidity [M]. Cambridge: MIT Press, 2017.

[89] Rocheteau G. Payments and liquidity under adverse selection [J]. Journal of Monetary Economics, 2011, 58 (3): 191 - 205.

[90] Rocheteau G, Rupert P, Shell K, Wright R. General equilibrium with nonconvexities and money [J]. Journal of Economic Theory, 2008, 142 (1): 294 - 317.

[91] Rocheteau G, Wright R. Liquidity and asset-market dynamics [J]. Journal of Monetary Economics, 2013, 60 (2): 275 - 294.

[92] Rubinstein A. A bargaining model with incomplete information about time preferences [J]. Econometrica, 1985, 53 (5): 1151 - 1172.

[93] Shi S. A divisible search model of fiat money [J]. Econometrica, 1997, 65 (1): 75 - 102.

[94] Shi S. Money and prices: A model of search and bargaining [J]. Journal of Economic Theory, 1995, 67 (2): 467 - 496.

[95] Smith A. The wealth of nations [M]. London: Strahan W. and Cadell T., 1963.

[96] Stack M M, Pentecost E J. Regional integration and trade: A panel cointegration approach to estimating the gravity model [J]. The Journal of International Trade & Economic Development, 2011, 20 (1): 53 - 65.

[97] Stockman A C. A theory of exchange rate determination [J]. Journal of Political Economy, 1980, 88 (4): 673 - 698.

[98] Swoboda A. Vehicle currencies and the foreign exchange market: The case of the dollar [M] //Aliber R Z. The international market for foreign exchange, praeger special studies in international economics and development. New York: Praeger Publishers, 1969.

[99] Tille C. The role of consumption substitutability in the international transmission of monetary shocks [J]. Journal of International Economics, 2001, 53 (2): 421 - 444.

[100] Trejos A. International currencies and dollarization [M] //David E. Altiy, Bruce D Smith. Evolution and Procedures in Central Banking. Cambridge: Cambridge University Press, 2003.

[101] Trejos A, Wright R. Search, bargaining, money, and prices [J]. Journal of Political Economy, 1995a, 103 (1): 118 - 141.

[102] Trejos A, Wright R. Search-based models of money and finance: An integrated approach [J]. Journal of Economic Theory, 2016, 164: 10 - 31.

[103] Trejos A, Wright R. Search-theoretic models of international currency [R]. Federal Reserve Bank of St. Louis Proceedings, 1996, 78 (May): 117 – 132.

[104] Trejos A, Wright R. Toward a theory of international currency: A step further [N]. Working Papers, Federal Reserve Bank of Philadelphia, No. 95-114, 1995b.

[105] Uribe M. Hysteresis in a simple model of currency substitution [J]. Journal of Monetary Economics, 1997, 40 (1): 185 – 202.

[106] Vidal J A, Hoyle D F, Vargas K L, Vásquez V M. Policies for transactional de-dollarization: A laboratory study [J]. Journal of Economic Behavior & Organization, 2022, 200: 31 – 54.

[107] Waller C J, Curtis E S. Currency restrictions, government transaction policies and currency exchange [J]. Economic Theory, 2003, 21: 19 – 42.

[108] Wang C. A model of international currency with private information [J]. Journal of International Money and Finance, 2023, 131: 102809.

[109] Wang W. Essays on search monetary economy, chapter IV [D]. Ph. D. Dissertation, Queen's University, 2000.

[110] Wang Z. Liquidity and private information in asset markets: To signal or not to signal [J]. Journal of Economic Theory, 2020, 190: 105122.

[111] Williamson S D. Private money and counterfeiting [J]. FRB Richmond Economic Quarterly, 2002, 88 (3): 37 – 58.

[112] Wong T N. A tractable monetary model under general preferences [J]. The Review of Economic Studies, 2016, 83 (1): 402 – 420.

[113] Wright R. A note on sunspot equilibria in search models of fiat money [J]. Journal of Economic Theory, 1994, 64 (1): 234 – 241.

[114] Wright R, Trejos A. International currency [J]. Topics in Macroeconomics, 2001, 1 (1): 153460051013.

[115] Zhang C. An information-based theory of international currency [J]. Journal of International Economics, 2014, 93 (2): 286 -301.

[116] Zhou R. Currency exchange in a random search model [J]. The Review of Economic Studies, 1997, 64 (2): 289 -310.

图书在版编目（CIP）数据

新货币主义视角下的国际货币理论研究 / 王晨曦著. -- 北京 : 经济科学出版社, 2024. 5
ISBN 978 -7 -5218 -5849 -5

Ⅰ. ①新… Ⅱ. ①王… Ⅲ. ①国际货币体系 - 研究 Ⅳ. ①F821. 1

中国国家版本馆CIP数据核字(2024)第084875号

责任编辑：初少磊　赵　芳
责任校对：王肖楠
责任印制：范　艳

新货币主义视角下的国际货币理论研究
XINHUOBI ZHUYI SHIJIAOXIA DE GUOJI HUOBI LILUN YANJIU
王晨曦　著
经济科学出版社出版、发行　新华书店经销
社址：北京市海淀区阜成路甲 28 号　邮编：100142
总编部电话：010 - 88191217　发行部电话：010 - 88191522
网址：www. esp. com. cn
电子邮箱：esp@ esp. com. cn
天猫网店：经济科学出版社旗舰店
网址：http：//jjkxcbs. tmall. com
北京季蜂印刷有限公司印装
710 × 1000　16 开　11. 25 印张　140000 字
2024 年 5 月第 1 版　2024 年 5 月第 1 次印刷
ISBN 978 - 7 - 5218 - 5849 - 5　定价：45. 00 元
（图书出现印装问题，本社负责调换。电话：010 - 88191545）